L'Orient gourmand

Sindbad
est dirigé par Farouk Mardam-Bey

LA CUISINE DES CALIFES

Titre original :
In a Caliph's Kitchen
© Riad El-Rayyes Books Ltd, 1989

© ACTES SUD, 1998
pour la traduction française
ISBN 2-7427-1798-6

Illustration de couverture :
Ibn Butlân, *Le Banquet des médecins*, Syrie, 1273
(manuscrit conservé à la Biblioteca Ambrosiana, Milan).

David Waines

La cuisine
des califes

Illustrations d'Odile Alliet

*Traduit de l'anglais
par Marie-Hélène Sabard*

Sindbad

Pierre Bernard, fondateur

BAGDAD ET LA NOUVELLE CUISINE

LES RECETTES RÉUNIES DANS CE VOLUME ont été choisies dans des recueils culinaires médiévaux de langue arabe s'échelonnant du début du IXe siècle jusqu'à la fin du XIIIe (soit du IIIe au VIIe siècle de l'hégire[1]). A deux ou trois exceptions près, toutes – pour des raisons que nous expliciterons – proviennent d'Irak, cœur du domaine des califes 'abbâssides (AH 32-656 / 750-1258 AD[*]). Quant aux exceptions, elles sont tirées d'ouvrages égyptiens et nord-africains[2]. Ce choix de recettes n'en reste pas moins représentatif de l'immense richesse des mets qui constituaient, au Moyen Age, la tradition culinaire dans les villes. L'autre intérêt historique de ce recueil est qu'il reflète le génie de l'auteur-compilateur du IXe siècle auquel nous devons le premier livre de cuisine pratique et détaillé existant en langue arabe. Et ici, une petite histoire s'impose…

Les écrivains musulmans du monde médiéval appelaient l'Irak le "nombril de l'univers". L'expression était appropriée et amplement méritée. Pendant près d'un demi-millénaire, l'Irak fut, en effet, la terre d'attache de la dynastie abbasside, bien que,

---

[*] Lorsque nous donnons deux dates séparées par un trait vertical, la première correspond à l'ère musulmane, *anno Hegirae*, et la seconde à l'ère chrétienne, *anno Domini*.

1. Nous avons essentiellement eu recours à deux ouvrages : *Kitâb al-Tabîkh* d'Ibn Sayyâr al-Warrâq, édité par Kaj Ohrnberg et Sahban Mroueh, Helsinki, 1987, et *Kitâb al-Tabîkh*, de Muhammad ibn al-Hasan ibn Muhammad al-Kâtib al-Baghdâdî, présenté par Fakhrî al-Baroudi (1964).

2. L'ouvrage égyptien est *Kanz al-fawâi'd wa tanwi' al-mawâ'id*, anonyme, dont David Waines et Manuela Marin ont donné l'édition actuelle. L'ouvrage nord-africain, également anonyme, fut édité par Ambrosio Huici Miranda sous le titre *Kitâb al-Tabîkh fî'l-Maghrib wa'l-Andalus,* Madrid, 1965.

le plus souvent, les califes régnants eussent été dans l'incapacité d'exercer les pleins pouvoirs que leur octroyaient les traités. Malgré la faiblesse du califat, l'Irak demeura le pivot de la vie politique de l'empire, et la terre elle-même – ce sol alluvial riche et fertile des vallées du Tigre et de l'Euphrate – constitua une ressource essentielle pour la richesse du trésor impérial. Cette richesse fit de Bagdad, la capitale, une cité cosmopolite et lui permit de conserver son rôle de grand marché culturel de l'empire bien après qu'eurent pris fin les fortunes politiques des califes. Bagdad était, pour reprendre les termes d'un contemporain, "le marché où affluaient les marchandises des sciences et des arts, où l'on venait chercher la sagesse comme d'aucuns cherchent leurs chameaux égarés, et dont le système de valeurs était reconnu par le monde entier[3]". Ces pourvoyeurs en marchandises culturelles étaient les théologiens, les récitants et commentateurs du Coran, les experts en tradition prophétique et les juristes, poètes, lettrés, philosophes, médecins, pharmacologues et autres, attirés depuis les quatre coins des vastes terres 'abbâssides, et qui tous contribuèrent à l'émergence dynamique de la civilisation islamique.

Dans la diversité de ses expressions littéraires, la culture islamique forme une mosaïque à l'imbrication complexe : les motifs majeurs en sont clairement visibles, mais d'autres, mineurs bien que chargés de sens, se sont effacés au point de ne plus pouvoir révéler pleinement la richesse de leur dessin. Tel est le cas de l'existence matérielle de la société médiévale : la façon dont les gens vaquaient aux occupations de leur vie quotidienne, dont ils se nourrissaient, s'habillaient, se logeaient. Cette réalité obstinée, d'une importance si considérable, mais qui fait si peu de bruit.

L'un des aspects que couvre le large spectre de la vie matérielle n'est autre que la préparation de la nourriture. La culture médiévale répugne presque toujours à dévoiler les secrets (s'ils sont considérés comme tels) de ses traditions culinaires. La nourriture a toujours été préparée dans la maison, que celle-ci

---

3. Cité par H. A. R. Gibb, *Arabic Literature (La Littérature arabe)*, Oxford, 1963, p. 46.

soit riche ou pauvre, et destinée à la consommation de ses membres, et si les techniques culinaires en vigueur dans la première partie du Moyen Age nous sont connues, c'est grâce à certains ustensiles qui nous sont parvenus. Quant à la préparation des mets, aux ingrédients précis, aux différences régionales et sociales dans l'alimentation, ils échappent à l'investigation moderne puisque la tradition veut que les usages culinaires se transmettent oralement. En Europe, par exemple, rien ne semble avoir subsisté, en matière de cuisinier pratique, entre la compilation du IVe-Ve siècle attribuée à Apicius et un fragment du début du XIVe siècle, tout simplement intitulé *Livre de cuisine*. En Chine, l'apparition de la "première cuisine au monde" ne connaît, comme l'affirme un chercheur, de datation plus précise que la dynastie des Song du Sud (AD 1125-1279) ; et les sources ne fournissent que peu de recommandations quant à la préparation précise des mets[4]. C'est pourquoi il est très surprenant – et tout aussi heureux – que le trésor culinaire du monde médiéval soit si riche de ces vestiges littéraires arabes, source unique et capitale de recettes.

L'histoire commence à Bagdad vers le début du IXe siècle. Les territoires 'abbâssides prospèrent sous le règne du calife Hâroun al-Rachîd (AH 170-194 / 786-809 AD), petit-fils du calife al-Mansour qui, quelque quarante ans auparavant, a fondé la ville. Depuis un site antique d'origine préislamique, le Bagdad abbasside va s'épanouir jusqu'à devenir la métropole dominante de l'Islam. A partir du complexe califal originel, une forteresse circulaire appelée *Madînat al-Salâm* (la Cité de la Paix) construite sur la rive gauche du Tigre, la rapide croissance qui accompagne le règne de Hâroun engloutit ces édifices primitifs dans une multitude de quartiers grouillants de vie. La capitale, raccordée par des ponts flottants, s'étend alors également le long de la rive droite. La ville se dote de mosquées et de marchés, symboles de la culture religieuse et du commerce qui contribuent pareillement à son étincelante mais sobre

---

4. *Cf.* Michael Freeman, "Sung", dans *Food in Chinese Culture (La Nourriture dans la culture chinoise)*, édité par K. C. Chang, New Haven, 1977, p. 141-192.

vitalité. Bagdad est également le "paradis terrestre" d'écrivains qui célèbrent la splendeur de ses jardins et de ses vergers, sa campagne luxuriante et, bien sûr, ses magnifiques palais aux portes et aux entrées somptueusement décorées. Il est impossible de donner une estimation chiffrée de la population qui habite alors la métropole. Une méthode de calcul traditionnelle, basée sur le nombre de bains publics enregistrés de façon officieuse, laisse penser qu'à son apogée, Bagdad compte entre cinq cent mille et un million d'âmes[5] ; quoi qu'il en soit, ses probables dimensions en faisaient la plus grande agglomération urbaine de son temps, hors de Chine. Ce fut dans ce contexte qu'émergea une *nouvelle vague*[*] culinaire. Car Bagdad avait également la réputation d'être, entre autres métaphores descriptives, le "nombril de l'univers" gastronomique. La chance a voulu que le tout premier ouvrage arabe qui nous soit parvenu sur l'art de cuisiner fournisse autant d'informations sur les forces créatrices qui présidèrent à ce mouvement. Et, si paradoxal que cela puisse paraître, alors qu'elle apparaissait dans ce milieu urbain, la cuisine abbasside n'était à l'origine ni bagdadienne ni même citadine.

Il convient de situer l'émergence de cette nouvelle cuisine dans le contexte des développements socioéconomiques de la première période abbasside. Il y a, naturellement, la fondation de la métropole elle-même. Les villes impériales, comme Bagdad (et aussi comme Hangzhou et Kaifeng en Chine) sont des pôles politiques, économiques et culturels, qui, pareils à des aimants, attirent des individus venant des parties les plus reculées de l'empire. Ceux-ci apportent avec eux les traditions culinaires de leur village ou de leur région ; de façon informelle au début, ces traditions viennent nourrir un creuset commun de science culinaire qui ne cesse de croître et dans lequel chacun peut puiser. La cour, riche et puissante, joue également le rôle d'un catalyseur essentiel dans l'élaboration de la

---

5. *Cf.* l'article "Baghdâd" dans *Encyclopædia of Islam (Encyclopédie de l'Islam)*, New Edition, Leiden, 1960, vol. 1, surtout p. 899.

[*] En français dans le texte. (*N.d.T.*)

nouvelle cuisine : premièrement, parce qu'elle instaure des modes que s'empresse d'imiter la classe oisive des courtisans, fonctionnaires, bureaucrates, érudits, marchands et artisans ; deuxièmement, parce qu'elle exerce sa domination sur un arrière-pays agricole riche et stable, et stimule l'extension de réseaux commerciaux dans des régions toujours plus lointaines. Ainsi, la puissance organisatrice de la bureaucratie du gouvernement califal se mesure-t-elle à l'aune de l'aptitude de Bagdad à satisfaire les exigences gastronomiques d'une élite oisive à laquelle elle fournit sur demande tous les produits alimentaires imaginables. Cette classe prospère se délecte de la bonne chère pour l'amour de la bonne chère ; ne s'encombrant ni de tabous, ni de goûts ou dégoûts régionaux, elle est plutôt incitée à "manger les excellentes nourritures que Dieu nous a accordées[6]". Jadis composantes originelles de la cuisine, les traditions culinaires régionales, collectives et orales sont reproduites sous une forme écrite, et les recueils de recettes fixent alors une nouvelle tradition qui fait elle-même l'objet d'une expérimentation et d'une élaboration plus poussées. C'est lors de cette seconde étape, plus formelle, que la nourriture des bourgs et des villages va considérablement se transformer sur la table du marchand, tandis que la nouvelle cuisine des villes atteint sa pleine maturité. A l'inverse d'autres traditions, telles que la poésie et les contes populaires, la connaissance détaillée de la cuisine reste essentiellement confinée dans le domaine domestique, alors que, dans le nouveau contexte urbain de Bagdad, ces usages culinaires deviennent publics et, avec le temps, partie intégrante du patrimoine national commun.

Cependant, sous-jacentes à ce processus qui accompagne la rapide croissance de la ville, des explosions concomitantes se produisent dans les sphères de l'agriculture et du commerce. Bagdad est le modèle, *par excellence**, d'une cité médiévale rurale, en même temps qu'un géant urbain doté d'un arrière-pays agricole

---

6. Le Coran, sourate VII, *Al-'Arâf*, verset 160.
* En français dans le texte. (*N.d.T.*)

dont il tire les denrées alimentaires de base. Cet arrière-pays agricole, la plaine de Sawâd et de Diyâla, constitue, pendant tout le IXe siècle, l'unique et énorme grenier à grains et à recettes fiscales de l'empire. Bien que la fertile terre d'Irak ait déjà nourri les dynasties et les cultures antérieures, l'Irak abbasside a, en outre, le bonheur de connaître ce qu'un spécialiste a appelé une "révolution verte médiévale[7]". Celle-ci provoque l'introduction et la diffusion de nombreuses cultures vivrières et textiles, notamment en provenance de l'Inde, dans le monde islamique oriental et, de là, vers l'ouest et jusqu'à l'Espagne musulmane. L'Irak est la porte d'entrée de ces cultures vers l'Occident. On retrouve certains ingrédients identifiés dans ce contexte dans des recettes datant de l'apparition de la nouvelle cuisine à Bagdad. Elles incluent l'aubergine et l'épinard. La révolution verte a sans doute également modifié certaines pratiques agricoles dans les vallées du Tigre et de l'Euphrate, faisant de l'été une nouvelle saison pour les cultures et permettant de rendre productives des terres et une main-d'œuvre auparavant inexploitées. L'aptitude croissante de la campagne à exporter un surcroît toujours plus important de produits alimentaires contribue aussi à l'expansion de zones urbaines telles que Bagdad.

En complément de son arrière-pays agricole, la ville voit s'étendre encore son réseau commercial, et de longues routes relient la capitale aux centres urbains de tout l'Empire abbasside, et même au-delà. L'évolution de nouveaux outils juridiques, comme les partenariats commerciaux, facilite le négoce, et la flexibilité de ces nouvelles institutions fait de Bagdad et de son port méridional de Basra un pivot de l'activité commerciale internationale. En conséquence, les marchés alimentaires de la ville (outre qu'ils sont approvisionnés en fruits et légumes par les jardins et vergers locaux) commencent

---

7. *Cf.* Andrew M. Watson, "A medieval green revolution" ("Une révolution verte médiévale"), dans *The Islamic Middle East 700-1900 (Le Moyen-Orient, 700-1900)*, édité par A. Udovitch, Princeton, 1981, p. 29-58 ; voir aussi une étude plus détaillée, par le même auteur : *Agricultural Innovation in the Early Islamic World (L'Innovation agricole dans les débuts du monde islamique)*, Cambridge, 1983.

à ressembler à un atlas gourmand de l'empire. De Syrie viennent les pommes, grenades, prunes, figues et abricots, ainsi qu'une huile d'olive de qualité ; Koufa produit une huile de violettes et de roses ; le safran arrive du Yémen et d'Ispahan, le miel de Mossoul – le meilleur, dit-on, doit agir comme une goutte de mercure en tombant sur le sol ; Tabaristan fournit les citrons, Hérât produit les raisins secs ; le sucre de canne vient de Ahwâz, le poisson salé et le babeurre du Khwârezm, les clous de girofle, le nard et la muscade de l'Inde ; les coings de Nishapur, les figues de Hulwân et les poires de Nihawand[8].

Les califes sont aussi capables d'importer pour leur consommation propre des cargaisons de spécialités régionales variées. Ainsi, quelque trente mille conteneurs de pommes sont-ils commandés chaque année à la Syrie ; cinquante mille livres de sucre de première qualité à Ahwâz ; trente mille fioles d'eau de rose, vingt mille livres de raisins secs, quinze mille livres de conserves de mangue et mille livres d'un mélange de miel et d'eau de rose appelé *julanjabîn*, le tout provenant de la province de Fars, en Perse ; deux mille livres de miel d'Ispahan ; cent mille grenades et mille livres de pêches séchées de Ray (l'actuel Téhéran) ; et, pour finir, du Khwârezm, on transporte par bateau jusqu'à Bagdad, dans des conteneurs de plomb bourrés de neige, une sorte de melon appelé *baranj*.

A elles seules, la cour et la classe oisive de Bagdad représentent une population assez considérable de mangeurs aventureux qui cherchent et trouvent leur plaisir dans la consommation de mets raffinés et délicats. Si à la cour les usages de la table sont extrêmement ritualisés, en revanche le peuple de la ville ne connaît pas toutes ces contraintes formelles. La nouvelle culture culinaire n'est ni limitée au seul cercle des courtisans, ni non plus accessible aux classes inférieures. Comme le fait remarquer sans ménagement un poète anonyme, Bagdad propose en effet un "rafraîchissement de l'âme à tout le genre

---

8. Les données figurant dans ce paragraphe et dans le suivant ont été tirées de *The Book of Curious and Entertaining Information : The Latâ'if al-ma'arif of Tha'âlibâ* (*Le Livre des informations curieuses et amusantes : Latâ'if al-ma'ârif de Tha'âlibâ*), traduit par C. E. Bosworth, Edimbourg, 1968.

humain", mais la "désolation aux sans-le-sou". L'alimentation des pauvres de la ville se compose pour l'essentiel de céréales, légumes secs, poissons, dattes, lait et dérivés les plus rudimentaires et les moins onéreux, accompagnés parfois des viandes les moins prisées, tel le bœuf. Le pain de l'ouvrier n'est pas celui du marchand. Ainsi, lorsqu'une préparation apparaît dans un livre de cuisine, si humble en soit l'origine, c'est que l'art culinaire l'a transformée pour ravir le palais d'un gourmet. La génération des gastronomes *new wave* de Bagdad fixe ainsi la norme dans laquelle d'autres vont plus tard se couler.

Les premiers ouvrages de cuisine en langue arabe apparurent dans la première moitié du IXᵉ siècle (IIIᵉ siècle de l'hégire). Aucun ne nous est parvenu complet. On retrouve une petite centaine de recettes directement attribuées à ces premiers auteurs ou compilateurs dans un volume datant de la fin du Xᵉ siècle (IVᵉ siècle de l'hégire[9]). Les livres de cuisine ne constituèrent qu'une part très mince de l'ample et dynamique mouvement littéraire et humaniste qui fit de cette période l'âge d'or des lettres arabes. L'intérêt pour la nourriture et la boisson en général, l'art de la cuisine, l'élaboration d'une alimentation correcte et l'étiquette de la table étaient autant d'éléments considérés comme essentiels dans l'éducation d'un individu cultivé. On connaît désormais les noms de près d'une douzaine de personnes qui contribuèrent à l'expression littéraire de la "nouvelle vague" culinaire. Parmi elles, des califes, tels al-Ma'moun (mort en AH 218 / 833 AD), al-Wâthiq (mort en AH 233 / 847 AD) et al-Mu'tasim (mort en AH 228 / 842 AD), le poète Ibrâhîm b. 'Abbâs al-Soulî (mort en AH 243 / 857 AD), le médecin Yuhannâ b. Masawayh (mort en AH 243 / 857 AD), le courtisan Yahyâ b. Khâlid al-Barmakî (mort en 190 AH / 805 AD), l'astrologue Yahyâ b. Abî Mansour al-Mawsilî (date de décès inconnue), et un certain Abou Samîn dont on ignore qui il était, mais qui officiait peut-être comme chef cuisinier au service d'al-Wâthiq. Existent également des recettes attribuées à d'autres, sans doute des favoris, ou bien encore des mets nommés tout spécialement pour leur rendre hommage. Par exemple, certains plats appelés *hârouniyya* furent ainsi baptisés en l'honneur du calife Hâroun al-Rachîd.

Cependant, parmi ces personnages, il en est un qui apparaît comme la source d'inspiration probable de tous les autres et comme l'auteur-compilateur incontestable du premier manuel

---

9. On peut toutes les retrouver disséminées dans l'important ouvrage d'Ibn Sayyâr al-Warrâq mentionné plus haut (note 1).

de cuisine pratique et détaillé en langue arabe. Il s'agit du demi-frère cadet du calife Hâroun : il était l'oncle des califes al-Ma'moun et al-Wâthiq, l'ami du médecin ibn Masawayh, et connaissait au moins les autres. Il s'appelait Abou Ishaq Ibrâhîm ibn al-Mahdî.

Ibrâhîm naquit l'été 163 de l'hégire (779 AD) au palais d'al-Rusâfa, dans les quartiers est de Bagdad[10]. Tout ce que nous savons avec certitude de sa jeunesse, c'est que son père, le calife al-Mahdî, mourut dans un accident de chasse alors que le prince n'avait que six ans. Al-Mahdî laissa le souvenir d'un souverain juste, cultivé et généreux. Il avait un goût raffiné pour la bonne chère des cuisines de la cour, mais assez d'humilité pour partager le repas d'un paysan ou d'un nomade lorsqu'il sortait chasser dans la campagne. Le jeune prince Ibrâhîm reçut des précepteurs de la cour l'éducation traditionnelle, sous l'œil vigilant de sa mère, Chikla, la belle et talentueuse concubine d'al-Mahdî, et après la mort de son père, sous la férule de Hâroun, qui devint calife en l'an 170 de l'hégire (786 AD).

La cour de Hâroun allait atteindre à son tour des sommets d'extravagance et de brio culturel ; poètes et chanteurs faisaient partie de ceux, nombreux, qui obtenaient de substantiels avantages en récompense de leurs talents. Les femmes aussi jouaient un rôle essentiel dans la vie politique et culturelle de la cour. Khayzurân, la mère de Hâroun, et Zubayda, son épouse, exercèrent une influence considérable du fait de leur richesse et de leur proximité avec le calife. En outre, de jeunes chanteuses très aguerries figuraient régulièrement au nombre des divertissements, aussi bien à la Cour que dans les salons privés des nantis[11]. L'une des plus célèbres de l'époque n'était autre que la propre sœur d'Ibrâhîm, 'Ulayya, à laquelle il était très attaché.

---

10. Les informations relatives à la vie d'Ibrâhîm sont tirées de notices biographiques qui lui sont consacrées dans *Târîkh Baghdâd*, de Ahmad ibn 'Alî al-Khatîb al-Baghdâdî (Beyrouth, vol. 6, p. 142-148) et dans *al-Târîkh al-kabîr*, de 'Alî ibn al-Hasan ibn 'Asâkir, Damas, AH 1330 / 1911 AD, deuxième partie, p. 263-285. Le long article de Barbier de Meynard, "Ibrâhîm, fils de Mahdî", *Journal asiatique* (vol. 13, 1869, p. 201-342) est toujours utile. On peut aussi trouver quelques histoires amusantes sur Ibrâhîm dans la traduction de Richard Burton de *The Book of the Thousand Nights and One Night* (*Le Livre des Mille et Une Nuits*), Londres, 1894, vol. 4.

11. On peut trouver des vues intéressantes sur cette forme de spectacle dans *The Epistle on Singing Girls* (*Épître sur les jeunes chanteuses*) de Jâhiz, éditées et traduites par A. F. L. Beeston, Warminster, 1980.

Ce fut cet univers qui façonna l'enfance et la jeunesse d'Ibrâhîm. Artiste de tempérament, il excellait dans la musique et dans la poésie[12]. Tout en entretenant de cordiales relations avec tous les groupuscules de la cour, il se tint néanmoins à l'écart des intrigues politiques. Bien que nommé gouverneur de Damas par Hâroun à deux brèves reprises, l'expérience qu'il y acquit le prépara mal à la tourmente qui engloutit le royaume abbasside après la mort de son demi-frère. La guerre civile éclata entre les cosuccesseurs désignés de Hâroun, ses fils al-Amîn et al-Ma'moun. Lorsque al-Amîn fut tué, Ibrâhîm fut élevé au trône califal en tant que figure de proue de la faction anti-al-Ma'moun à Bagdad. Deux années durant, il se démena en vain pour résister à une situation qui ne cessait de se dégrader face à des forces supérieures. Pour finir, lorsque al-Ma'moun fit sa triomphale entrée dans Bagdad, Ibrâhîm fuit prudemment le courroux de son neveu. Sa tête fut mise à prix et il passa les quatre (certains disent six) années suivantes caché quelque part dans la capitale ou dans ses environs. La tradition populaire de l'époque représente le fugitif errant dans Bagdad sous un déguisement. Mais au bout d'un certain temps, Ibrâhîm se fit prendre et jeter en prison. Pour finir, al-Ma'moun pardonna à son oncle et lui accorda l'honneur de devenir son compagnon de cour ou *nadîm*. A son grand soulagement, Ibrâhîm put reprendre l'existence qu'il menait auparavant dans le cercle plus protégé et familier des poètes et des chanteurs. Il vit encore le règne du successeur de al-Ma'moun, al-Mu'tasim (un autre fils de Hâroun auquel on attribue également un livre de cuisine) et mourut à l'âge de soixante ans, en l'an 225 de l'hégire (839 AD). Le calife rendit hommage à son oncle en prononçant son oraison funèbre.

Les dispositions gastronomiques d'Ibrâhîm semblent s'être développées alors qu'il n'était encore qu'un tout jeune homme. Le prince lui-même raconte un dîner auquel il avait convié

---

12. Certains poèmes d'Ibrâhîm sont conservés dans le célèbre livre de chansons, le *Kitâb al-Aghânî*, de Abou al-Faraj al-Isbahânî, Le Caire, sans date, vol. 10, p. 95-149 ; on trouve les poèmes de sa sœur 'Ulayya dans le même volume.

Hâroun. Le calife avait pour habitude de commencer le repas par des plats chauds suivis d'un grand nombre d'assiettes froides, les *bawârid*. Alors qu'on apportait celles-ci sur la table, Hâroun en remarqua une contenant ce qui paraissait être un poisson haché en miettes minuscules. Il demanda pour quelle raison le cuisinier avait coupé le poisson en si menus morceaux. Ces "morceaux", l'informa Ibrâhîm, étaient en réalité plus de cent cinquante langues de poisson arrangées de telle sorte qu'elles reproduisaient la forme de l'animal. Hâroun s'enquit du prix d'un tel mets. Ibrâhîm répondit : "Plus de mille dirhams", et fut châtié par son frère pour sa stupide prodigalité. Hâroun lui ordonna en pénitence de distribuer la même somme aux pauvres et, au grand dam d'Ibrâhîm, de donner aussi le plat sur lequel on avait servi le poisson au premier passant venu. Ce plat, qu'Ibrâhîm avait acheté pour honorer son frère, lui avait coûté plusieurs fois le prix des langues de poisson[13] !

Pourtant, et malgré l'impression que pourrait laisser cette anecdote, Hâroun n'était pas indifférent aux arts culinaires. Nous savons qu'il prisait tout particulièrement un grand nombre de mets et il en est même un, une viande au sumac, auquel on donna son nom. En outre, Hâroun estimait et aimait son frère. Il encouragea même la gourmandise d'Ibrâhîm en lui offrant un présent d'une rare valeur : lorsqu'il le rappela de ses fonctions de gouverneur à Damas, il lui fit don d'une esclave nommée Badî'a. Cette femme remarquable passait pour la plus habile et la plus expérimentée des cuisinières. *Bawârid* et confiseries comptaient parmi ses spécialités[14].

Ibrâhîm était ravi. Badî'a demeura plusieurs années à ses côtés puisque nous la retrouvons, sous le règne d'al-Amîn, en train de préparer pour le calife et sous les ordres d'Ibrâhîm une vieille recette très appréciée à la cour des Sassanides, en Perse : le *sikbâj*[15]. Le hasard voulut qu'une relation fructueuse se développât entre le

---

13. Concernant cette anecdote, voir *Murouj al-dhahab*, de 'Alî ibn al-Husayn al-Mas'oudî, édité par Barbier de Meynard et Pavet de Courteille, Paris, 1861-1877, vol. 6, p. 349 *sqq*.

14. Par exemple, la recette de la *bârida*, page 100.

15. Recette page 94.

prince et sa concubine, entre le gourmand et la cuisinière, et ce fut sans aucun doute cette collaboration qui amena Ibrâhîm à concevoir son livre de cuisine, *Kitâb al-Tabîkh*, le premier du genre en langue arabe.

Après son séjour à Damas, Ibrâhîm élut domicile dans son propre palais, situé sur ce que l'on appelle le marché de la Soif, *Souq al-'Atach*, dans les beaux quartiers est de Bagdad. Le palais se trouvait près du Pont Principal qui enjambait le Tigre pour rejoindre l'enceinte de la Cité de la Paix originelle. Le bateau de plaisance d'Ibrâhîm était également amarré à proximité. Une paisible promenade sur le fleuve offrait une diversion bienvenue aux tracasseries de la vie de palais et aux ruelles surpeuplées et bruyantes de la ville. A bord, Ibrâhîm pouvait jouer aux échecs avec Hâroun ou divertir quelques compagnons triés sur le volet d'un spectacle de poésies et de chansons, accompagné de nourritures et de boissons. On voyait fréquemment des bateaux de plaisance sur le fleuve, leurs équipages les guidaient calmement à travers une cohue de plusieurs centaines d'embarcations de toutes formes et de toutes tailles, pour les amener jusqu'aux étendues d'eau plus paisibles qui se trouvaient en amont et en aval de la ville.

Le fleuve garantissait aussi un accès facile par bateau à ces lieux de rassemblement très populaires qu'étaient les jardins et vignes des monastères chrétiens[16]. Les jours de fête, et en d'autres occasions aussi, chrétiens et musulmans, hommes et femmes, se mêlaient pour une excursion sur les berges aux ombres apaisantes. Ces sorties étaient des pique-niques avec cuisine, le vin étant probablement fourni, pour qui le désirait, par les monastères. Les mets qui constituaient le pique-nique avaient peu à envier à ceux servis à la table de la maison. Des plats à base de viande, parfois accompagnés de légumes, préparés à l'avance et transportés dans des récipients, pouvaient être réchauffés sur un brasero portatif ; les multiples sortes de *bawârid* de légumes,

16. Abou al-Hasan 'Alî ibn Muhammad al-Châbuchtî, *Kitâb al-Diyârât*, édité par K. 'Awwad, Bagdad, 1966.

23

de viande rouge, de poisson ou de volaille, composaient une garniture raffinée. On pouvait faire griller sur place des poissons pêchés dans le fleuve et les servir avec des sauces cuisinées au préalable (*sibâgh*[17]). Des fruits frais venaient compléter le repas. Pour le citadin, le pique-nique était peut-être une sorte de reconstitution nostalgique du campement bédouin si souvent évoqué dans les anciennes ballades arabes.

Nous ignorons quand Ibrâhîm conçut son livre de cuisine. Celui-ci était sans doute le reflet des nombreuses soirées de réjouissances au palais, dans les salons amis, ou lors des conviviales journées de pique-nique. Boire et manger ne représentait pas l'unique agrément de ces réunions où poésie, musique, contes et débats sur des sujets littéraires et politiques, suscitaient un intérêt aussi vif que partagé. La nourriture elle-même faisait l'objet de discussions, tant sur le plan littéraire qu'alimentaire. Ibrâhîm composa de nombreux poèmes sur la nourriture, notamment un sur les délices du sel, et donna même à certaines de ses recettes un tour poétique[18]. Sous une forme d'expression très personnelle, Ibrâhîm révèle une connaissance approfondie des techniques et procédés culinaires. S'il ne fut pas le véritable créateur du poème culinaire, il en fut en tout cas le premier représentant et le plus remarquable, puisqu'il influença même d'illustres poètes plus tardifs, comme Ibn al-Roumî (mort en AH 283 / 896 AD) et le prince-poète abbasside Ibn al-Mu'tazz (mort en AH 296 / 908 AD).

Les fragments conservés de l'ouvrage d'Ibrâhîm, soit environ quarante et quelques recettes, montrent clairement qu'il visait à l'exhaustivité, puisqu'ils traitent aussi bien de la préparation d'un pain que de multiples et substantiels plats principaux, assiettes froides et confiseries. Trois recettes du fameux *zirbâj* nous sont parvenues[19]. Il s'agissait d'une sorte de plat de viande "aigre-doux", comprenant parmi les principaux ingrédients du

---

17. Recette page 60

18. On en trouvera deux, par exemple, aux pages 100 et 102 de ce volume.

19. Deux sont présentées ici, aux pages 58 et 76.

vinaigre et des fruits secs, ou du sucre. Les différentes prépa-rations d'Ibrâhîm témoignent non seulement de variantes subtiles et nuancées, mais aussi de l'approche empirique et novatrice du gastronome lui-même. Le légume de la "révolution verte", l'aubergine, excita manifestement sa curiosité. Les trois recettes dans lesquelles elle apparaît de façon significative, une fois encore, très différentes les unes des autres, bien que toutes soient un mets froid *(bawârid)*[20]. Il existe également deux recettes d'un plat appelé *chaljamiyya*, incluant le navet, et deux d'un plat de viande frite baptisé *al-mutajjan*[21]. Parmi les recettes adaptées ici, il en est une nommée *al-mutajjana al-ibrâhîmiyya* et tirée d'un livre de cuisine datant de la fin du XIIIe siècle (VIIe siècle de l'hégire), qui fut conçu à Bagdad tout à la fin de la période abbasside ; le plat fut ainsi nommé en hommage au maître. On honora sa mémoire au-delà même de son Bagdad natal. On trouve aussi un chapitre consacré aux recettes qui lui sont attribuées dans un ouvrage anonyme de cuisine marocaine et andalouse. Cependant, ces recettes, qui n'ont qu'un lointain rapport avec celles d'Ibrâhîm, sont des adaptations régionales revisitées par une génération postérieure.

Dans les cercles sophistiqués de la haute société bagdadienne, détenir certaines connaissances en matière culinaire n'était pas le privilège exclusif d'un quarteron de cuisiniers professionnels. Ce fut, dans une large mesure, l'influence d'Ibrâhîm et des gastronomes contemporains de même obédience qui poussa sa génération, et les générations suivantes, à faire un plaisir public de ce qui était essentiellement un artisanat privé ; le gastronome *new wave*, comme nous l'avons appelé, était très loin de ce que nous nommerions aujourd'hui un écrivain ménager, même si son intérêt n'était absolument pas accidentel ou superficiel. Il est par ailleurs impossible de savoir jusqu'à quel point l'usage des livres de cuisine était répandu. Il existait certainement un vivant commerce de copies manuscrites réalisées par des gens

---

20. Voir la recette page 54.

21. Pour la *chaljamiyya*, voir la recette page 52 ; les recettes du *mutajjan* figurent pages 74 et 126.

qui faisaient également office de libraires, et c'était ainsi que se diffusaient toutes les connaissances, y compris la connaissance culinaire. Le plus ancien recueil de recettes qui nous soit parvenu est dû à la compilation, à la fin du Xe siècle (IVe siècle de l'hégire), d'un certain Abu Muhammad al-Muzaffar ibn Nasr ibn Sayyâr al-Warrâq. Il put employer des copies manuscrites d'ouvrages de cuisine, et notamment de celui d'Ibrâhîm, faites durant la première moitié du siècle précédent. Et, comme le suggère son nom, al-Warrâq, il était à la fois copiste et vendeur de ses copies. Ainsi, les efforts conjugués de manière informelle du gastronome et du libraire firent des questions touchant au boire et au manger la matière reconnue d'une culture citadine raffinée et en pleine expansion. Une préoccupation que reflètent les encyclopédies des connaissances utiles en société, tels le *'Uyoun al-akhbâr*, de Ibn Qutayba, et le *'Iqd al-farîd*, de Ibn 'Abd Rabbihi.

L'expression littéraire d'une *haute cuisine** se perpétua à Bagdad pendant toute la fin du IXe siècle (IIIe siècle de l'hégire) et jusque tard dans le siècle suivant. Seuls les noms de ces auteurs-compilateurs de la deuxième ou troisième génération nous sont connus, car aucun de leurs recueils de recettes n'est arrivé jusqu'à nous, fût-ce partiellement. Après celui de al-Warrâq, ce n'est qu'au XIIIe siècle (VIIe siècle de l'hégire) que l'on trouve trace d'un livre de recettes de provenance irakienne, et ce dernier nous est parvenu. Il s'agit du fruit d'une compilation effectuée par un certain Muhammad ibn al-Hasan ibn Muhammad ibn Karîm al-Kâtib al-Baghdâdî, sur lequel on ne sait pas grand-chose. Dans la préface à son ouvrage, al-Baghdâdî exprime son enthousiasme pour la bonne chère, mais en perdant peut-être un peu la vision élargie de ses prédécesseurs, qui inscrivaient la gastronomie dans un tout culturel. Il dit : "Je souscris à la doctrine qui veut que le plaisir de manger surpasse tous les autres plaisirs[22]." Il n'en demeure pas moins que ses recettes – la deuxième source majeure des adaptations proposées

---

* En français dans le texte. *(N.d.T.)*
22. Al-Baghdâdî, *op. cit.*, p. 9.

ici – se situent à la fois dans la continuité des périodes antérieures, par les méthodes répertoriées, et dans l'innovation, du fait de l'introduction de nouveaux ingrédients.

L'influence de la génération *new wave* s'étendit rapidement au-delà de la ville de Bagdad à d'autres centres urbains de l'empire. La capitale califale imposa dans les provinces non seulement ses modes littéraires, mais culinaires aussi. Et il est un cas dans lequel on peut supposer que l'influence d'Ibrâhîm fut directe : l'historien Ibn al-Dâya, qui devint fonctionnaire à la cour toulounide du Caire, écrivit également un livre de cuisine ; or, son père avait été le secrétaire et le frère adoptif d'Ibrâhîm ibn al-Mahdî[23].

Il est temps à présent d'abandonner ces réflexions sur l'histoire culinaire des premiers 'Abbâssides pour pénétrer dans la cuisine d'une maison prospère et bien approvisionnée de l'époque. Les recettes fourniront elles-mêmes des indications sur les techniques, les procédés et les ingrédients de l'ancienne tradition culinaire des villes.

23. Maxime Rodinson, "Recherches sur les documents arabes relatifs à la cuisine", *Revue des études islamiques*, n° 17, p. 106 (1949).

On a dit de la cuisine qu'elle fut le "berceau", le "domicile d'adoption" d'une multitude de termes liés à des opérations et à des ustensiles, et ce dès les tout premiers développements de la technologie humaine. Les techniques de broyage, de pulvérisation, de fermentation, les méthodes de conservation des denrées périssables, le four, sont autant d'éléments initialement associés à la préparation de la nourriture. Technologie et chimie culinaires constituaient par conséquent le terrain d'une connaissance pratique que le monde islamique hérita des civilisations antiques moyen-orientales d'Irak et d'Egypte. Pourtant, cet héritage ne fut pas équitablement partagé dans toutes les couches de la population : la cuisine médiévale des villes s'appropria des techniques qui avaient sans doute trouvé leur origine ou leur perfectionnement dans les cuisines du temple et du palais antiques, alors que les populations nomades et rurales conservèrent des méthodes de préparation plus primitives.

Un exemple simple illustre ce contraste entre la ville et la campagne, celui – universel – de la fabrication du pain. L'explorateur suisse Johann Ludwig Burckhardt observa la technique suivante dans les années 1830, chez les Bédouins de la péninsule arabique : on faisait tout d'abord chauffer une "résistance" composée de pierres disposées en rond, quel que fût l'endroit où s'établissait le campement ; puis on éteignait le feu et, sur les pierres, on posait la pâte, confectionnée avec des grains de blé grossièrement concassés ; on recouvrait ensuite celle-ci de braises jusqu'à ce que le pain soit cuit. Le résultat était une miche ronde, plutôt coriace, et sans levain[25].

En revanche, fabriqué dans une maison prospère, le pain était cuit dans sa cuisine propre et avec les meilleurs ingrédients. On

---

24. On peut trouver une version étendue de ce chapitre dans "al-Matbakh", article de l'auteur, dans *L'Encyclopédie de l'Islam*.

25. David Waines, "Bread, cereals and society" ("Pain, céréales et société"), *Journal of the Economic and Social History of the Orient*, vol. 30 (1987, p. 255-285).

utilisait un appareil originaire de la Mésopotamie antique, le *tannour*. Cylindrique, en forme de ruche, il avait l'apparence d'un gros pot renversé, dispositif vraisemblable à partir duquel il avait évolué. On insérait un combustible, de préférence du charbon de bois de bonne qualité, par une ouverture latérale, on l'allumait et, lorsque le four était assez chaud, la cuisson pouvait commencer. Il était possible, dans une certaine mesure, de régler la température en obturant les divers orifices. La miche, faite avec une bonne farine de froment, pouvait adopter des formes, des dimensions et des textures très variées. Les sources arabes font mention de nombreux ustensiles associés à la fabrication du pain : une planche à pain *(lawh)*, un petit rouleau à pâtisserie *(chawbak)* pour le pain ordinaire *(raghîf)* et un plus grand pour le pain plus fin *(riqâq)*, une plume servant à enduire la pâte dans certaines préparations, une jatte de bois *(jafna)* pour la pétrir et un grattoir de métal *(mihakk)* pour la nettoyer. On conservait la levure dans un récipient de bois appelé *mihlab*. On utilisait un linge *(mindîl)* pour essuyer la miche avant la cuisson et un autre pour frotter le four et en ôter toute trace indésirable d'humidité ou de condensation. On employait un tisonnier *(sinnâra)* pour sortir la miche si elle venait à tomber sur la porte du four, et un instrument de métal *(mihraq)* qui permettait de débarrasser celui-ci des braises et des cendres une fois la cuisson terminée. Une façon de faire son pain somme toute plus longue et plus compliquée que celle du Bédouin !

La conception et la distribution de la cuisine dans le Bagdad médiéval devaient sans doute beaucoup à l'inspiration mésopotamienne qui subsiste dans les ultimes vestiges de maison à cour ouverte que l'on peut encore observer de nos jours dans la capitale irakienne. Dans les habitations dotées de plusieurs cours, la cuisine *(matbakh)* était un véritable complexe dans lequel la cuisine proprement dite ouvrait sur sa propre cour avec les dépendances adjacentes : une réserve, des toilettes, une salle de bains, un puits, et éventuellement une chambre pour le cuisinier. La partie supérieure de la cour, de niveau avec le premier étage de la maison, était ceinte de murs blancs et à ciel ouvert. La cuisine d'une maison à cour unique donnait directement sur cette cour et avait moins, voire pas du tout, de dépendances. Les maisons à cours multiples, plus vastes, pouvaient comprendre une deuxième cuisine jouxtant les pièces où l'on offrait des divertissements aux invités. Les palais des califes et des princes 'abbâssides étaient naturellement conçus sur une échelle beaucoup plus importante, mais, pour l'essentiel, les plans en étaient identiques.

Revenons à l'intérieur de la cuisine : le *tannour* ne servait pas seulement à cuire le pain. La recette d'une sorte de tourte au poulet préparée dans un poêlon *(miqlâ)* évoque le moment où, pour la cuire, on descend la préparation dans le four. Un autre plat – un ragoût de viande, riz et légumes – cuit dans une marmite *(qidr)* était également placé dans le four. Rien de surprenant, donc, à ce que l'un et l'autre de ces mets aient été appelés *tannouriyya* : plats au four. Il arrivait souvent qu'on les laisse cuire à l'étouffée toute la nuit, dans un four qui se refroidissait lentement, pour ne les servir que le lendemain.

Le deuxième instrument de base que l'on trouvait dans une cuisine bien équipée s'appelait tout simplement le "foyer" : *mustawqid*. Il était conçu de façon à pouvoir accueillir en même temps de nombreuses marmites et/ou poêlons disposés les uns à côté des autres. Ce foyer se dressait à peu près à mi-hauteur de l'utilisateur, ce qui facilitait l'accès à la nourriture, et était garni d'orifices qui permettaient les prises d'air et l'expulsion de la fumée.

Les maisons qui ne possédaient ni l'espace nécessaire pour accueillir une cuisine, ni l'équipement, ni le personnel pour offrir de grands repas, pouvaient avoir recours au four du voisinage ou de la communauté, le *furn*. Dans ce cas, on procédait chez soi aux étapes initiales de la préparation d'un plat, avant de l'emporter au *furn* pour le cuire. Celui-ci pourvoyait également aux besoins de la maisonnée en cas de réjouissances. Il arrivait aussi que les maisons riches louent les talents d'un confiseur. La *batterie de cuisine** comprenait encore

---

* En français dans le texte. (*N.d.T.*)

toute une série d'ustensiles en pierre, en terre cuite, en cuivre ou en plomb, aux dimensions variées. Les poêlons, généralement utilisés pour faire frire le poisson et autres aliments du même genre, étaient en fer. Parmi les ustensiles, on trouvait également des broches *(saffoud)*, une cuvette de cuivre *(nuqra)* dans laquelle on lavait à l'eau chaude petits récipients et vaisselle, un instrument qui avait l'apparence d'une tige de cuivre *(mihchâch)* pour farcir les boyaux, un grand couteau pour désosser la viande et de plus petits pour émincer les légumes. Existaient encore plusieurs sortes de passoires *(misfâ)* en bois ou en métal, des louches *(mighrafa)* et des maillets *(midrâb)*. Les épices étaient pilées ou réduites en poudre dans un mortier *(hâwoun)* et conservées dans des récipients de verre. On se servait d'un mortier similaire, quoique plus grand, pour attendrir la viande ou confectionner la purée de légumes. La viande était débitée sur un billot *(khiwân)*. Les confiseries requéraient un autre jeu d'ustensiles, des moules *(qawâlib)* pour la plupart, car on leur donnait souvent la forme d'un poisson ou d'un oiseau. La préparation de la nourriture supposait un enchaînement d'activités nécessitant beaucoup de main-d'œuvre et de temps. Nous ne savons malheureusement rien des détails quotidiens de l'organisation dans les cuisines, en particulier en ce qui concerne le personnel, le cuisinier et ses aides, hommes ou femmes, l'intendant en chef, etc. Il n'en est pas moins évident que cette organisation était prise très au sérieux, afin que soit assurée la propreté de tous les ustensiles et d'éviter que la nourriture ne se gâte. Dans les recommandations qui viennent en préambule de son ouvrage, al-Baghdâdî insiste sur le fait que "l'on doit très soigneusement laver les casseroles et ustensiles utilisés pour cuisiner, les frotter avec de la poussière de brique, puis avec de la potasse et du safran réduits en poudre et, enfin, avec une feuille fraîche de cédratier". Dans le premier chapitre de son livre, al-Warrâq traite des moyens d'échapper à la contamination par la nourriture. La viande doit être totalement nettoyée de toute trace de sang et lavée dans un bol propre rempli d'une eau claire et froide ; un couteau utilisé pour émincer des légumes ne doit pas servir dans le même temps à débiter la viande ; les vieilles épices, ayant perdu leur saveur originelle et étant devenues amères, ne doivent pas être employées, sans quoi elles "gâteraient la marmite". De même, il convient de goûter le sel et l'huile avant de les incorporer à la nourriture pour vérifier s'ils sont toujours bons. Il faut veiller à ce qu'un peu de sauce des ragoûts ou bien de petits bouts d'oignons n'aient pas séché dans les marmites, risquant ainsi d'altérer la nourriture lorsqu'on les réutilisera.

La cuisine, ou son complexe, était enfin le théâtre d'opérations autres que celles dévolues à la préparation immédiate des repas. En fait, le mot cuisine *(matbakh)* a, dans les langues sémitiques, une racine qui signifie la "cuisson de la viande" et aussi l'"abattage". Il arrivait assez fréquemment qu'un mouton, ou une chèvre, et plusieurs volailles habitent la cour de la cuisine, attendant leur fatale destinée dans la marmite. C'était une manière de conserver de la viande fraîche à cuisiner. On faisait aussi sécher des fruits, des herbes et des légumes que l'on gardait ensuite en réserve pour un usage ultérieur. Certains légumes conservés dans du vinaigre et certains condiments particuliers, tel le *murrî*, qui demandait plusieurs semaines de préparation, étaient aussi mis en réserve, à l'instar de la bière et du vin faits maison. Tout l'éventail des activités liées à la transformation de la nourriture et visant à la faire passer du "cru" au "cuit", se reflète dans le trésor des épices de l'époque. La cuisine et son organisation étaient d'une importance capitale pour la bonne marche quotidienne de la maisonnée ; plus large et tout aussi essentiel, l'aspect social et politique que revêtaient la préparation et la consommation de la nourriture : tout dépendait du bon fonctionnement de ce secteur tout à fait primordial de l'espace domestique.

LA PRÉPARATION DE LA NOURRITURE :
INGRÉDIENTS ET MÉTHODES

La grande majorité des recettes du patrimoine médiéval arabe comportent de la chair, chair de mammifère, de poisson ou de volaille. Mais certaines de ces chairs faisaient l'objet d'une prédilection marquée. Sauf en ce qui concerne le poisson et la volaille, les recettes emploient seulement le mot "chair" *(lahm)*. Lorsqu'il apparaissait seul et sans qualificatif, on présume qu'il désignait la viande de mouton : elle avait la préférence du citadin et sa consommation était encouragée par le corps médical.

Les goûts du Moyen-Orient médiéval étaient finalement, à cet égard, plus proches de ceux de l'époque victorienne, qui préconisait l'abattage de la bête entre trois et cinq ans, "âge auquel la viande de mouton est ferme et succulente, de couleur sombre et pleine du jus le plus riche". Aujourd'hui, ils ont changé. Qui plus est, le bon mouton d'élevage étant cher et difficile à trouver, les versions modernisées des recettes fournies dans ce volume recommandent l'agneau. L'arabe médiéval est riche en vocables désignant le bétail, et variant selon l'âge et le sexe de l'animal ou le nombre de petits portés par une femelle. Il est impossible de déterminer à quel âge on préférait manger le mouton : jeune (entre un et deux ans) ou plus âgé. La viande trop vieille était jugée dure et, par conséquent, néfaste à la digestion. La large prédilection que connut le mouton à travers les siècles trouve une autre illustration aussi étrange qu'inattendue. L'armée romaine d'occupation en Grande-Bretagne consommait essentiellement du bœuf et du porc. Cependant, en deux endroits, le fort de Barr Hill sur le mur d'Antonin et Corbridge dans le Northumberland, on découvrit dans les vestiges une importante quantité d'os de moutons. Les deux sites avaient été occupés par des garnisons orientales – syriennes ou autres – de l'armée romaine, et ces étrangers nostalgiques se consolaient ainsi d'une longue absence loin de leur patrie[26].

---

26. C. Anne Wilson, *Food and Drink in Britain (Nourriture et boisson en Grande-Bretagne)*, Londres, 1973, p. 66.

Le gourmet du Moyen Age appréciait la viande de chevreau *(jadî)* plus encore que l'agneau. Les médecins la recommandaient à ceux qui vivaient dans l'aisance et le confort à cause de son équilibre naturel entre les quatre éléments : chaud, froid, humide et sec. En revanche, à ceux qui besognaient, peinaient, on conseillait le bœuf, plus rude. On préférait la viande maigre "rouge" à la viande grasse. Dans ce cas précis, l'avis des médecins, avis qu'ils avaient tiré de la cosmographie et des principes médicaux de la Grèce, n'influait sans doute pas de façon décisive sur les habitudes alimentaires des citadins du Moyen Age ; il s'agissait plus vraisemblablement d'une théorie empruntée et qui rationalisait une pratique existante.

A Bagdad, des deux côtés du fleuve, on trouvait dans certains quartiers réservés des marchés de bouchers qui vendaient des bêtes fraîchement abattues ou bien encore des bêtes "sur pied", que l'on tuait dans la cuisine de sa maison. Une préparation appelée *hallam* décrit les étapes de l'abattage d'un jeune animal et comment faire bouillir dans du vinaigre le cadavre désossé, dans sa peau, jusqu'à la fin de la cuisson. On laissait alors la viande reposer une nuit dans un brouet de vinaigre, cannelle, galanga, thym, céleri, coing, cédrat et sel, et on la gardait ensuite en réserve pour une consommation future dans des récipients de verre ou de terre cuite. Autre avantage lié à l'achat d'un animal vivant : chaque morceau pouvait être employé dans une très grande variété de plats, depuis la conservation dans le vinaigre que nous venons d'évoquer jusqu'à la préparation des abats, parmi lesquels les yeux, la langue et la cervelle, très appréciés. Les reins, le foie, le cœur, les intestins, les pieds et l'estomac étaient également consommés.

Pour ce qui est du gibier, on retrouve, dans le répertoire culinaire du Moyen Age, le lapin (lui aussi élevé domestiquement), le lièvre, la vache sauvage, l'âne sauvage et surtout la gazelle ; le cheval, le chamois, l'oryx et le cerf étaient eux aussi considérés comme comestibles. On préparait tout particulièrement le gibier avec la méthode "eau et sel" *(al-mâ' wa'l-milh)*, bien adaptée à la cuisine en plein air, après la chasse, ou à la maison : on faisait d'abord bouillir de gros morceaux de la bête pour "raffermir" la viande, puis on retirait l'eau, on pressait les morceaux afin d'en ôter l'excès d'humidité et on ajoutait à la viande de l'eau fraîche, de l'huile, une "poignée" de sel ainsi que des oignons, de la cannelle, du galanga et de l'aneth. On pouvait aussi débiter le gibier en fines lanières que l'on assaisonnait d'épices avant de les pendre pour les faire sécher, un procédé (appelé *qadîd*) similaire à celui qu'utilisèrent les pionniers sud-africains dans leur marche vers le nord à partir du Cap. C'était sous cette forme, et aussi sous sa forme salée *(namaksoud)*, que le gibier arrivait sur les marchés de Bagdad.

La volaille était l'une des ressources alimentaires essentielles dans la cuisine. Il existait plusieurs variétés de poulets domestiques, mais le *kaskarî* – ainsi baptisé du nom d'une région d'Irak – était tout particulièrement apprécié pour son exquise saveur et ses rondeurs ; on disait qu'il pouvait grossir jusqu'à atteindre le poids d'un jeune agneau. Le gastronome habitant Bagdad et aimant la chasse avait toute chance de voir passer, au printemps et à l'automne, un grand nombre d'oiseaux qui traversaient l'Irak, soit vers le nord pour la saison des amours, soit pour prendre leurs quartiers d'hiver en Afrique. Le pays renfermait également beaucoup de volailles indigènes que chassaient toutes les classes de la société. Le gibier à plumes, de toutes les tailles et de toutes les espèces – coq de bruyère, faisan, francolin, outarde, caille, perdrix, grue, autruche, héron – finissait toujours par atterrir dans la cuisine et, de là, sur la table.

Les principales techniques culinaires employées alors pour préparer la viande, qu'elle soit blanche ou rouge, se retrouvent dans les principes décrits par le célèbre chef français Michel Guérard. L'un d'eux, qu'il appelle "l'échange", consiste à faire d'abord revenir rapidement les morceaux de viande dans l'huile chaude afin de leur conserver leur jus et leurs éléments nutritifs. (Le cuisinier du Moyen Age aurait préféré utiliser de l'huile de sésame *[chayraj]* ou d'olive, ou bien de la graisse de queue de mouton, dont on faisait un usage fréquent.) Ensuite, on plonge la viande dans l'eau de sorte que celle-ci la recouvre à moitié, sinon plus. On peut assaisonner soit à ce moment-là, soit au tout début, et souvent à l'une et l'autre étapes de la préparation. Ensuite, on peut incorporer les autres ingrédients, en fonction du type de plat : légumes, fruits secs ou fromage. Alors, le jus enfermé dans la viande s'en échappe progressivement pour se mêler au liquide de cuisson et, dans le même temps, la viande absorbe les différentes saveurs de ce liquide et s'en enrichit. D'où l'"échange". On trouvera un exemple de cette technique dans la recette de l'*isfânâkhiyya*[27].

Michel Guérard appelle son second grand principe "le saisissement", puisque le jus et les nutriments sont saisis à l'intérieur de la viande en train de cuire. On utilise cette méthode dès lors qu'il s'agit de faire griller, sauter et frire. La recette du *mutajjan bi sadr al-dajâj*[28] en fournit un exemple. Quant à celle du *zirbâj*, elle semble présenter une combinaison des deux principes : on fait d'abord bouillir la viande dans un bouillon d'eau et d'huile épicé, auquel on ajoute plus tard d'autres ingrédients tout en réduisant lentement la cuisson.

Des plats comme ceux désignés sous le vocable de *zirbâj* prouvent que la pratique de la substitution de la viande était une habitude culinaire très répandue. La caractéristique principale des *zirbâj* était une saveur aigre-douce, le plus souvent provoquée en mêlant au vinaigre un quelconque agent sucrant. Les recettes préconisent parfois l'emploi de la "chair", c'est-à-dire de l'agneau, et d'autres fois celui de la volaille, voire une combinaison des deux. On retrouve encore cette pratique de nos jours, notamment dans la cuisine nord-africaine.

Si l'on peut prétendre à juste titre que la nouvelle cuisine subit très largement l'influence des traditions culinaires perses, elle en connut cependant d'autres, et dont l'apport fut loin d'être négligeable. Celle de la Mésopotamie antique demeure jusqu'ici la plus obscure ; plutôt que la survivance de plats bien précis, ce sont les ressources alimentaires de l'Irak (blé, orge,

---

27. Recette page 64.
28. Recette page 74.

pois, lentilles, pistaches, etc.) qui formèrent une partie de cet héritage. L'influence de la tradition arabe est, quant à elle, beaucoup plus apparente. Des plats comme le *sawîq* et le *tharîd*, bien connus à l'époque du Prophète, entrèrent dans la nouvelle cuisine, encore que transformés par l'emploi d'ingrédients plus coûteux. Le *sawîq* était un gâteau d'orge séché qui demandait à être reconstitué avec de l'eau ou du lait et se révélait une nourriture de base appropriée pour les longs voyages. On vendait un mets portant ce nom sur les marchés de Bagdad : il s'agissait d'un plat de pauvre fait à partir de pois chiches réduits en poudre. Dans les maisons riches, on utilisait pour cette préparation rustique du froment de qualité, enrichi de sucre ou mêlé à d'autres ingrédients comme les graines de grenade. Quant au *tharîd*, la tradition veut que le Prophète se soit exclamé qu'il était la meilleure des nourritures, tout comme sa femme A'isha était la meilleure des femmes. Ce plat arabe simple et traditionnel se composait de dés de viande cuits dans un bouillon, sur lesquels on émiettait du pain sec en fin de cuisson. Il subit lui aussi quelques transformations dans la tradition urbaine de la grande cuisine et fut préparé avec de l'agneau, du chevreau, du bœuf ou du poulet, en même temps qu'avec divers légumes, mais toujours avec des morceaux de pain émiettés. Les recettes du *masliya* et du *madîra*[29], que nous livre Ibrâhîm, relèvent également, par leur emploi des produits laitiers, de la tradition culinaire arabe : dans le *masliya*, on trouve le petit-lait séché du fromage blanc *(masl)* et, dans le *madîra*, la viande est cuite dans du lait aigre.

On remarquera, dans ce recueil, l'absence de recettes comportant de la viande de porc, preuve que la cuisine faisait partie intégrante de la culture islamique. L'islam impose peu de tabous culinaires, hormis ceux fondés, pour l'essentiel, sur ce passage du Coran : "Voici ce qui vous est interdit : la bête morte, le sang, la viande de porc et ce qui a été immolé à un autre que Dieu." Les communautés juives du Moyen-Orient observaient, elles aussi, cette prohibition de la viande de porc,

---

29. Recettes pages 62 et 72.

mais la population chrétienne n'était pas soumise à pareille contrainte.

Les deux grands fleuves jumeaux que sont le Tigre et l'Euphrate, leurs affluents, la région marécageuse qu'ils baignent et qui borde le golfe Persique, les lacs intérieurs de l'Irak... autant de points d'eau aux riches ressources poissonneuses. Parmi les poissons d'eau douce dominait sans doute la famille des carpes *(Cyprinidæ).* Les espèces marines, venant du golfe, envahissaient le cours inférieur du Tigre, tout comme le faisaient celles qui migraient vers ses eaux fraîches afin de s'y reproduire et de s'y nourrir. Les gros poissons étaient considérés comme les plus nutritifs, certains pouvant atteindre cent à cent trente cinq kilos. Ceux du Tigre étaient réputés meilleurs que ceux de l'Euphrate, mais en Irak, il était communément admis que n'importe quel poisson de l'un ou l'autre fleuve était en tout cas bien meilleur que le poisson du Nil. On préparait les mets avec des poissons frais ou salés ; ils étaient frits, marinés *(mamqour)* ou grillés[30]. La précoce lubie d'Ibrâhîm pour les langues de poissons ne se retrouve malheureusement pas dans le fragment de son livre qui nous est parvenu ! Selon lui, le poisson devait s'accompagner d'un condiment, comme en témoigne sa recette du *sibâgh*[31].

Les tenants d'un goût raffiné disaient des légumes *(buqoul)* qu'ils étaient les "ornements de la table". Et l'adage prétendait qu'une "table sans légumes est comme un vieil homme sans sagesse". Il existait une immense variété de légumes, que l'on pouvait se procurer d'une saison à l'autre, et une infinité de manières de les accommoder : en assiettes froides, telle la préparation à l'aubergine d'Ibrâhîm[32], dans des ragoûts de

---

30. Pour avoir davantage de détails et lire deux recettes contemporaines, voir l'article intitulé "Of Carp and Caliphs" ("Des carpes et des califes") dans *Petits propos culinaires* n° 10, Londres, 1982, p. 41-47.

31. Recette page 60.

32. Recette page 54.

viande chauds, et en condiments. Le mot *buqoul* désignait aussi bien les habituels poireaux, carottes, navets et épinards, que d'autres plantes comme la menthe, l'ail, la coriandre, l'aneth, etc. On classait les fruits *(fawâkih)* en deux catégories : fruits frais et fruits secs. Parmi les fruits frais, le plus commun était la datte, nourriture des pauvres comme des riches, et dont il existait plus de trois cents variétés. Dans les fruits secs, on rangeait les fruits doux – pommes, poires, abricots, pêches – et les fruits à écale, comme les amandes, les noix, les pignons de pins et les noisettes.

Nous avons déjà parlé des plats de viande. Beaucoup d'autres préparations contenant également de la viande étaient pourtant considérées surtout comme des plats de légumes ou de fruits, et connues sous le nom de celui qu'elles mettaient en valeur. Ainsi, la *chaljamiyya* est un plat de navets, l'*isfânâkhiyya* un plat d'épinards, la *michmichiyya*[33] un plat d'abricots et la *tuffâhiyya*[34], un mets réalisé avec des pommes. D'autres plantes vivrières, classées comme "graines" ou "grains" *(huboub)*, étaient employées dans de nombreux mets : parmi elles, les pois chiches, les lentilles (qui donnent leur nom au plat appelé *'adasiyya*[35]), les haricots et les pois. Certaines graminées – blé, orge et riz – figuraient elles aussi dans les plats principaux *(cf.* la recette de l'*aruzziyya* ou plat de riz[36]). On notera une certaine âpreté commune à beaucoup de ces recettes, âpreté due à l'emploi du vinaigre, du citron ou bien encore du jus de raisin. Il fallait l'atténuer ou la compenser par une contrepartie sucrée, celle qu'apportaient le sucre, le miel, ou la combinaison d'autres ingrédients dans le plat. On appelait *tabarzad* le sucre le mieux raffiné, extrait de la tige de la canne à sucre ; on le faisait bouillir trois fois afin d'en éliminer toutes les impuretés, puis, une fois solidifié, il était cassé en petits morceaux pour la cuisine. On appelait *sulaymânî* et sucre rouge les sucres moins

---

33. Recette page 68.
34. Recette page 114.
35. Recette page 124.
36. Recette page 130.

purs. L'acidité pouvait également être tempérée par les amandes moulues, les pois chiches ou le riz, qui tous jouaient le rôle d'éléments de liaison pour le bouillon. Le but était toujours de créer au sein du plat une harmonie entre saveurs contraires.

Toutes ces recettes de viande ou de légumes avaient un mode de préparation commun : on faisait cuire lentement et à l'étouffée les ingrédients, dans des marmites dont les bords permettaient d'ajuster un couvercle. Ces plats à la cocotte sont courants de nos jours dans tout le Moyen-Orient, bien que le four remplace parfois la cuisson en ragoût. On les retrouve sous les appellations variées de *yakhnî*, *khurish* et *tâjin*, au nombre desquelles on peut aussi inclure certains *pilav* turcs. Les combinaisons mariant viandes, légumes, fruits doux et à écale, étaient infinies.

Comme dans la littérature culinaire chinoise médiévale, il est impossible d'identifier ici avec précision chaque variété du légume employé, son nom anglais ou son appellation scientifique. Le poireau, par exemple, est parfois simplement évoqué dans les recettes sous le nom de *kurrâth*, parfois dans sa variété grecque, *kurrâth roumî*, ou bien encore nabatéenne : *kurrâth nabatî*. De la même manière, il arrive que le céleri soit mentionné sans autre qualificatif sous le terme de *karafs*, ou bien dans sa variété sauvage, potagère ou montagnarde ; pour compliquer les choses, le mot signifiant "céleri sauvage" ou ache *(karafs barrî)* pouvait aussi désigner le cumin des prés ou carvi. On ignore si un légume comme le navet, qui portait plus d'un nom *(chaljam* et *lift)*, désignait une seule variété ou plusieurs. Le même mot en arabe pouvait aussi faire référence à deux légumes différents, bien que de la même famille ; le *qunnabît*, par exemple, pouvait être soit le chou-fleur, soit le brocoli, tandis que le *kurunb* pouvait être le chou-fleur ou bien encore le chou. Il existait en outre diverses appellations régionales pour une même plante et des polémiques s'élevaient quant à savoir quel nom s'appliquait exactement à quel végétal.

Certains légumes étaient censés avoir des pouvoirs régénérants ou inhibants sur certaines fonctions physiologiques.

Les avis suivants, tirés de la sagesse médicale de l'époque, passaient pour des lieux communs : la roquette *(jarjîr)* était supposée accroître l'appétit sexuel et le flux urinaire. A l'inverse, la rue *(sadhâb)* diminuait le désir sexuel. Par ailleurs, si une femme enceinte buvait un mélange de rue et d'eau chaude ou de vin, dans une certaine quantité et pendant vingt-cinq jours, elle avortait. Le mot, dérivé du grec *rutos*, "qui coule", laissait bien augurer de ses propriétés médicales, mais absorbée en quantité, elle était toxique. Le pois chiche *(himmas)* avait des fonctions polyvalentes : non content d'aiguiser l'appétit sexuel, il pouvait aussi entraîner un afflux de sperme, augmenter les montées de lait chez une mère ayant un enfant au sein et provoquer un abondant flux menstruel chez la femme. Et comme il existait bon nombre d'antidotes à ces multiples propriétés, les permutations possibles dans l'élaboration d'une diète théoriquement saine approchaient de l'infini. Les recommandations des médecins quant aux vertus et aux effets complexes d'aliments variés sur des individus de "tempéraments" tout aussi variés s'appuyaient sans aucun doute pour une grande part sur le bon sens et sur une tradition éprouvée, mais certains avis n'étaient pas non plus exempts de toute superstition. Reste qu'il existait dans le système médico-culinaire des Arabes du Moyen Age une souplesse qui permettait au gourmet de se délecter de son mets favori, quelles que fussent les indications relatives à son état de santé.

On mettait une grande ingéniosité à combiner les mille façons plaisantes de transformer les richesses de la cuisine en aliments crus en un kaléidoscope de saveurs, de textures et d'arômes à produire sur la table. A l'inverse de nos recettes modernes qui reflètent la précision d'un âge prétendument scientifique, la recette médiévale ressortissait davantage à l'univers de l'artiste auquel elle offrait une ébauche qui le guidait vers la création d'un plat portant son empreinte personnelle. La recette arabe du Moyen Age était précise quant à la marche à suivre, mais résolument évasive en ce qui concernait la mesure et les proportions des ingrédients. Le cœur créatif de la cuisine résidait dans l'usage intuitif que le cuisinier faisait des herbes et épices, des condiments et aromates qui accompagnaient les plats principaux ou qui étaient utilisés pour les assaisonner en cours de cuisson. L'équilibre et l'harmonie entre les herbes et épices employées dans un plat étaient essentiels, et on rangeait celles-ci en substances "aromatiques", ou en substances "piquantes". Parmi les premières, on comptait le musc, l'ambre gris *('anbar)*, l'eau de rose, le safran, la cannelle *(dâr sînî)*, le galanga *(khulanjân)*, le clou de girofle, le mastic *(mastika)*, la noix de muscade *(jawz bawwâ)*, le macis *(bisbâsa)* et le gingembre. La deuxième catégorie, celle des substances "piquantes", comprenait le poivre ordinaire, le poivre long *(dâr filfil)*, le cumin, l'ache de montagne *(kâchim)*, l'assa fœtida *(hiltît)*, le thym et le vinaigre. Le sel avait une grande importance ; on en obtenait la meilleure sorte, appelée *andarânî*, par évaporation de l'eau de mer. Et comme le disait l'adage : "Le sel est aussi nécessaire à la nourriture que la grammaire au discours."

Rien d'étonnant à ce que, dans le large éventail des épices, certaines aient été tout spécialement chéries. Une comparaison des assaisonnements utilisés dans deux livres de cuisine du XIIIᵉ siècle (VIIᵉ siècle de l'hégire), l'un de provenance irakienne et l'autre d'origine nord-africaine, révèle une particularité intéressante. Dans l'ouvrage irakien, celui de al-Baghdâdî, les assaisonnements les plus fréquemment employés sont, dans l'ordre, la cannelle, la coriandre, le cumin, le mastic et le poivre (talonné par le safran), tandis que dans l'ouvrage nord-africain l'ordre s'inverse : en premier vient le poivre, puis la coriandre, la cannelle et le safran (suivi de près par le cumin). Cette comparaison reflète-t-elle de véritables différences régionales ou seulement, peut-être, les préférences personnelles des auteurs-compilateurs de chacun des volumes ? Il n'existe aucune réponse concluante à cette question. On peut avancer néanmoins que l'équilibre olfactif et gustatif entre la cannelle et la coriandre est caractéristique de l'usage des épices dans la cuisine médiévale au Moyen-Orient. Les huiles essentielles de cannelle et, disons, de poivre étaient réputées pour leurs propriétés antiseptiques et conservatrices. Cependant, puisque l'on pouvait cuisiner de la viande fraîchement abattue, il était sans doute peu nécessaire de masquer l'odeur ou le goût d'une nourriture gâtée par le biais d'épices particulièrement relevées ou aromatiques. En conséquence, leur emploi était très vraisemblablement affaire d'esthétique, leur propriété conservatrice n'étant utile que pour rehausser la saveur d'éventuels restes servis le lendemain. Ce fut cet "éventail d'épices" que l'Europe hérita du Moyen-Orient et qui transforma considérablement sa cuisine dès le XIVᵉ siècle.

Mais s'il permet de mettre l'accent sur la complexité de la cuisine, l'éventail des épices en laisse également supposer le coût. Nombre de condiments "piquants" étaient connus depuis des siècles au Moyen-Orient, parmi lesquels le thym, la coriandre et le cumin. Ce furent essentiellement les épices aromatiques – clous de girofle, cannelle, gingembre, noix de muscade – qui furent importées d'Orient, à savoir de l'Inde, du Tibet et de la Chine ; bien que "piquant", le poivre avait la même origine. Ces épices, qui arrivaient à Bagdad par caravanes et par bateaux, étaient par conséquent fort prisées et fort chères. La traversée aller et retour par bateau depuis le golfe Persique jusqu'à la Chine représentait environ seize mille kilomètres d'un voyage hasardeux. Les gains que les marchands tiraient de ce commerce faisaient d'une traversée réussie une affaire hautement profitable, si bien que la tentation était grande de frelater les épices. Ainsi, les pures, les meilleures, atteignaient les prix les plus exorbitants. Pouvoir se les offrir était aussi l'indice d'un statut social ; quelque rond-de-cuir pouvait être tenté de se vanter du fait que, chez lui, on moulait le safran comme d'autres moulent leur farine. Ce fut sans doute au cours de la première période abbasside que les aromates coûteux commencèrent de se répandre, donnant des saveurs nouvelles aux nombreux plats régionaux que l'on incorporait à la nouvelle cuisine.

L'opération visant à la conservation des aliments dans le vinaigre se réalisa dans les cuisines domestiques. Nous avons déjà évoqué la préparation *hallâm* d'un chevreau ou d'un agneau entier. Une autre préparation, appelée *mamqour*, consistait à cuire légèrement la volaille entière dans un mélange d'eau, de sel et d'huile, puis à la désosser et à placer les morceaux dans une jarre remplie de vinaigre et d'assaisonnements. Lorsqu'on voulait la consommer, il suffisait de frire la viande et de la servir. Il n'est peut-être pas inutile de rappeler ici que le vinaigre employé dans la cuisine médiévale était effectivement un authentique *vin aigre*, comme l'indique le terme de *khall khamr*. On employait également le vinaigre pour la conservation d'une grande variété de *mukhallalât*, ou pickles, composés notamment d'oignons, de câpres, de concombres, de navets, d'ail, d'aubergines et de menthe[37]. Ces mets étaient servis au cours du repas afin, comme le précise al-Baghdâdî, de "nettoyer le palais de sa graisse, d'ouvrir l'appétit, d'aider à la digestion et de stimuler le convive[38]".

Aussi variés que les pickles, les condiments connus sous le terme générique de *kawâmikh*. On en servait plusieurs en même temps dans de petits bols où l'on pouvait tremper son pain ou des bouchées de nourriture. Certains types de *kâmakh* ou de jus de *kâmakh* étaient utilisés comme assaisonnements et ajoutés lors de la cuisson. Leur préparation demandait souvent beaucoup de temps et une attention quasi quotidienne pendant une période de six à douze semaines. Le *boudhâj*, par exemple, un ingrédient de base, était un pain de blé ou d'orge qu'on enveloppait dans des feuilles de figuier et qu'on laissait ainsi quarante jours, jusqu'à ce qu'il ait séché et se soit un peu gâté. A la suite de quoi, on en prélevait une portion que l'on réduisait en poudre pour la travailler avec une poignée de sel et quatre portions de pain sec, lui aussi réduit en poudre et sans levain ; en ajoutant du lait frais, on obtenait une substance pâteuse. On plaçait cette mixture dans un récipient que l'on laissait au soleil de l'été, en pleine chaleur, on ajoutait le lait nécessaire et on remuait deux fois par jour jusqu'à ce que le

---

37. Recette page 90.
38. Al-Baghdâdî, *op. cit.*, p. 65.

mélange ait pris. A cette base de *kâmakh*, on pouvait incorporer des clous de girofle, de la cannelle, du carvi ou encore d'autres épices afin d'obtenir un *kâmakh* au clou de girofle, à la cannelle ou au carvi. Mais ces préparations n'étaient pas toutes aussi complexes à réaliser. Celle aux olives, qui figure dans le répertoire d'Ibrâhîm, est la simplicité même[39].

Autre ingrédient fréquemment mentionné dans les recettes médiévales : le *murrî*, un assaisonnement préparé extrêmement ancien. Il fut assimilé par erreur au *garum*, terme générique qui, dans la tradition culinaire romaine, désignait le suc de poisson. D'autre part, comme le montrent les rares recettes qui nous sont parvenues, le *murrî* était confectionné à partir de céréales, grains d'orge et de blé. Pendant toute la préparation, qui durait trois mois, on incorporait de grosses quantités de pain sec à un mélange d'huile, d'eau et d'épices assez important pour que l'on puisse chaque jour remuer cette mixture. Une étape finale du processus consistait à passer le "moût", à le stocker dans des jarres scellées avec de l'huile, et à garder la "lie" encore deux semaines, en l'agitant quotidiennement, avant de la passer à son tour et de la mettre en bouteille. La couleur de ce *murrî* résiduel était noire et sa saveur amère. Nous suggérons dans une recette de remplacer le *murrî* par le sumac : sans doute se ressemblent-ils quant à leur amertume, l'âpreté du sumac étant due à la présence dans sa composition d'acides organiques (malique, gallique et tannique). Quoi qu'il en soit, seules de faibles quantités de *murrî* auraient été conseillées.

A l'instar des préparations du genre *kâmakh*, le sel parfumé s'utilisait à la fois comme un assaisonnement en cours de cuisson et comme un condiment sur la table. Au sel s'ajoutaient le sumac, les graines de grenade, l'assa fœtida, le sésame et le cumin.

Les condiments *(kawâmikh)* et les assiettes froides *(bawârid)* du repas médiéval révèlent clairement l'origine des *mezze* modernes du Moyen-Orient. Dans les livres de cuisine d'aujourd'hui, on

---

39. Recette page 106.

45

traduit approximativement le mot *mezze* par "hors-d'œuvre". Pourtant, accompagnés comme ils devraient l'être d'une boisson anisée, tel l'*arak*, d'un narguilé, d'une conversation agréable et de pas mal de temps, ces *mezze* d'une variété presque infinie peuvent facilement constituer à eux seuls un repas. Pris à l'unité, ils seraient l'équivalent moderne d'une petite portion de condiment ou d'assiette froide au Moyen Age. Il est aussi intéressant de noter que la notion fondamentale d'harmonie (de saveurs, mais aussi de textures et de couleurs) a subsisté à travers les siècles, et que l'une des connotations du mot *muzza* au Moyen Age n'était autre que le goût d'un aliment mi-aigre mi-doux.

En dépit de l'interdit religieux qui pesait sur les boissons alcoolisées, elles étaient consommées dans de nombreuses classes de la société, excepté par ceux pour qui les commandements religieux revêtaient une gravité solennelle. Nous sont parvenues des recettes d'une sorte de cervoise appelée *fuqqâ'*, que l'on pouvait confectionner simplement et à peu de frais. En mêlant au moût de base des ingrédients comme le blé, le riz ou les noix, on en modifiait la saveur et la consistance. On brassait aussi une espèce de bière plus exotique avec de l'orge sucré au miel que l'on assaisonnait de poivre, de clous de girofle, de gingembre, de cannelle, de rue et d'une poignée de grains de millet *(jâwars)*. Pour la fermentation, on plaçait les ingrédients dans un récipient en peau *(kîr)*, et on laissait reposer deux jours, avant de pouvoir consommer le troisième. Il existait plusieurs manières de préparer le vin *(nabîdh)* : avec du miel et des raisins secs, on obtenait, à en juger d'après la recette, un breuvage autorisé, c'est-à-dire non fermenté ; quant à l'autre boisson, elle appartenait sans conteste à la catégorie défendue : il s'agissait d'un hydromel qui fermentait pendant quarante jours et que l'on mettait en bouteille quatre mois avant de le boire.

Dans son acception la plus large, le mot *charâb*, breuvage, désigne n'importe quel liquide, quel qu'en soit la consistance.

Le terme pouvait s'appliquer à d'épais sirops obtenus en faisant bouillir, puis réduire, quelque bouillon parfumé. Le sirop de feuille de betterave, par exemple, se fabriquait en pressant les feuilles et en faisant bouillir une mesure du jus ainsi obtenu avec une mesure de miel ; puis on faisait réduire le liquide de moitié avant d'y ajouter des clous de girofle, de la cannelle, du nard et de la noix de muscade. On conservait le sirop dans des fioles jusqu'à son utilisation. Les sirops aigres-doux étaient faits avec du miel bouilli en même temps que le jus extrait de pommes, de coings, de grenades, de poires et de prunes acides. Les sources restent obscures quant à l'usage précis qui était fait de ces sirops. Peut-être les buvait-on après les avoir dilués et rafraîchis, ou bien les employait-on pour parfumer le bouillon dans lequel cuisaient certains légumes, ou bien encore pour assaisonner les salades, tout comme on le fait au Moyen-Orient, de nos jours, avec le sirop de grenade.

Le moment est venu de mettre un terme à notre promenade dans l'univers culinaire du Moyen-Orient médiéval. L'historien doit reconnaître ici sa dette envers Ibrâhîm ibn al-Mahdî et ses nombreux, et souvent anonymes, successeurs. Sans leurs efforts pour collecter, expérimenter et consigner les recettes, sans la chance, qui voulut que nous parvienne au moins une partie de leurs œuvres, le monde de la science culinaire médiévale serait tristement appauvri.

De la gourmandise, Brillat-Savarin, philosophe de la bonne chère au XIXe siècle, faisait observer qu'elle inspirait à la fois "les efforts que doit faire tout amphitryon pour bien recevoir ses convives, ainsi que la reconnaissance de ceux-ci, quand ils voient qu'on s'est savamment occupé d'eux". A quoi il ajoutait solennellement qu'il faut "honnir à jamais ces mangeurs stupides qui avalent avec une indifférence coupable les morceaux les plus distingués, ou qui aspirent avec une distraction sacrilège un nectar odorant et limpide". On imagine aisément Ibrâhîm opinant à cet avis. Il donna à la culture arabe son premier livre de cuisine, il y a plus d'un millénaire, et le gourmet moderne se voit offrir aujourd'hui l'opportunité de revivre cette aventure dans sa cuisine.

Les versions modernisées de ces recettes ont été adaptées de façon à proposer des rations pour quatre personnes dotées d'un appétit raisonnable. Si l'on voulait réaliser un repas médiéval traditionnel, on servirait simultanément plusieurs plats sur la table. Mais notre conception d'un dîner comprenant plusieurs étapes distinctes reste étrangère à cette idée. Elle s'accorderait néanmoins avec l'usage qui voulait que l'on commence le repas par une assiette de dattes (voir les recettes des pages 56 et 122) et qu'on le termine par une salade de fruits frais. Si l'on garde cela à l'esprit, une viande rouge et un plat de poulet devraient donc suffire pour la plupart des dîners à quatre, surtout si on les accompagne de riz et, disons, d'une salade verte que l'on préparera à son goût. Cependant, pour un plus grand nombre d'invités, on peut désirer cuisiner trois plats "principaux" : une viande rouge, une volaille et un poisson. Au bout du compte, l'hôte est seul(e) juge de l'appétit (et de la résistance !) de ses invités.

❖

Deuxième chose : le vinaigre, très apprécié des convives au Moyen Age. Si la quantité conseillée dans une recette paraît trop importante, on pourra estomper son acidité en ajoutant un peu plus de sucre, de miel, d'amandes moulues, de riz, de pois chiches, ou de tout ce qui semblera un facteur d'équilibre au sein de cette recette.

Pour finir, un mot des épices et des herbes. Les quantités n'étant jamais indiquées dans les originaux, reste à les deviner. Ce à quoi l'on parvient à force d'expérience et aussi en se fiant à son goût propre et à son jugement ; le cuisinier du Moyen Age ne procédait pas autrement. Si l'on juge préférable d'ajouter une pointe de ceci et de retirer un soupçon de cela, tout va bien : le meilleur résultat est *celui qui plaît*. "S'il plaît à Dieu", naturellement – formule consacrée qui vient clore fort opportunément de nombreuses recettes.

❖

La traduction des recettes arabes contient beaucoup de termes relatifs à la mesure des ingrédients. Nous donnons ceux qui suivent avec leurs équivalents modernes approximatifs, sans oublier que, dans le monde médiéval, la valeur des poids et mesures variait d'un lieu à un autre.

❖

1 *ratl* = 12 *uqiya* = 500 grammes
1 *uqiya* = 10 *dirham*
1 *dirham* = 6 *dâniq*

Ibrâhîmiyya

450 g d'agneau coupé en dés de 2,5 cm

225 g d'agneau maigre haché

2 oignons moyens finement émincés

*250 ml de jus de raisin noir,
sans sucre ajouté*

100 g d'amandes en poudre

4 cuil. à soupe d'huile d'olive

2 cuil. à café de coriandre moulue

1 cuil. à café de gingembre en poudre

1 bâtonnet de cannelle

*1 petit morceau de mastic cristallisé
(facultatif)*

2 cuil. à soupe d'eau de rose

Sel et poivre à volonté

*Raisins noirs et amandes mondées
pour la garniture*

Dans une cocotte de taille moyenne, faire revenir uniformément les dés d'agneau dans deux cuillerées à soupe d'huile d'olive.

Ajouter les oignons émincés, la coriandre, le gingembre, la cannelle et le mastic (facultatif), assaisonner de sel et de poivre à volonté, couvrir d'eau et laisser mijoter 45 minutes.

Pendant ce temps, assaisonner l'agneau haché d'une pincée de sel et de poivre, le façonner en boulettes de la taille d'une grosse noix et faire dorer celles-ci dans deux cuillerées à soupe d'huile d'olive.

Ajouter le jus de raisin et la poudre d'amandes dans la cocotte et laisser cuire encore 15 minutes. Si le liquide de cuisson paraît trop aigre, ajouter une cuillerée à café ou deux de sucre ; il est possible, cependant, que ce ne soit pas nécessaire car les amandes compenseront cette acidité.

Poser les boulettes sur la viande dans la cocotte et cuire 30 minutes à feu doux.

Dresser les morceaux de viande au centre d'un plat de service et les boulettes en couronne tout autour ; garnir avec les grains de raisin et les amandes et arroser l'ensemble d'eau de rose.

Ibrâhîmiyya. Tirée de l'ouvrage du XIIIᵉ siècle que laissa al-Baghdâdî, cette recette doit son nom à Ibrâhîm ibn al-Mahdî, en hommage au confort gastronomique qu'il apporta à la classe oisive citadine. Bien qu'il ne s'agisse pas d'une préparation vraiment imaginée par ce pionnier de la "nouvelle vague" culinaire abbasside, l'emploi du jus de raisin et des amandes reste caractéristique de la manière d'Ibrâhîm. Le fait que la viande apparaisse à la fois sous la forme de dés et de boulettes relève plutôt d'une mode plus tardive.

Coupe la viande en morceaux de taille moyenne
et place-les dans une marmite en les recouvrant d'eau,
sale selon ton goût et fais bouillir jusqu'à ce que la viande
ait rendu son jus. Jette dans la marmite un sachet de coton
épais contenant de la coriandre, du gingembre et du
poivre, tous finement moulus, puis ajoute quelques bâtons de
cannelle, le mastic, ainsi que deux ou trois oignons que tu auras
très finement tranchés. Hache de la viande rouge, roule-la en
boulettes, comme on le fait d'ordinaire, et ajoute-la. Lorsque les
ingrédients sont cuits, retire le sachet d'épices. Ajoute au bouillon
le jus de raisins mûrs et sucrés – à défaut, de raisins jeunes –,
en les pressant dans ta main sans en ôter la peau, sinon prends
du vinaigre distillé. Passe le jus, puis hache finement les amandes
douces et mouille-les légèrement dans l'eau, verse dessus le jus
de raisin et saupoudre le mélange de sucre blanc, afin
d'en ôter l'aigreur. Laisse reposer une heure sur le feu.
Essuie les flancs de la marmite avec un linge propre,
asperge d'eau de rose, puis retire du feu.

Chaljamiyya

675 g de poulet, mi-blancs, mi-pilons, coupés en lanières de 1 cm de large

150 g de pois chiches ayant trempé une heure dans l'eau (ou une boîte de pois chiches précuits en conserve)

75 g de ciboule ciselée

450 g de navets blancs ou de rutabagas

50 g d'amandes en poudre

75 g de fromage de chèvre (féta)

4 blancs d'œufs

3 cuil. à soupe d'huile d'olive

2,5 cuil. à café de cumin en poudre

1 cuil. à soupe de moutarde de Dijon

Sel et poivre à volonté

De la coriandre fraîche ou du persil pour la garniture

Préchauffer le four à 200 °C (th. 6).

Eplucher les navets ou les rutabagas ; les détailler en petits morceaux et les faire bouillir jusqu'à ce qu'ils soient tendres ; les égoutter et les réduire en purée ou les passer au mixeur.

Pendant la cuisson des navets, faire revenir le poulet dans l'huile chaude, ajouter la ciboule et les pois chiches, couvrir d'eau et laisser mijoter 30 minutes à feu doux.

Passer le fromage, les amandes en poudre et les blancs d'œufs au mixeur jusqu'à obtention d'une pâte souple.

Quand le poulet a fini de mijoter, ajouter d'abord le poivre, le sel, le cumin, la moutarde, puis la purée de navet ou de rutabaga. Bien mélanger, puis verser le tout dans un plat allant au four.

A l'aide d'une cuillère, napper délicatement cette préparation avec la pâte obtenue, en prenant soin de bien en enduire toute la surface.

Cuire 30 minutes au four. La pâte va former une délicieuse croûte qu'on laissera légèrement dorer.

Garnir et servir.

Chaljamiyya. Cette recette est tirée du cuisinier d'al-Warrâq, le plus ancien livre de cuisine en langue arabe qui nous soit parvenu. Attribuée à Ibrâhîm ibn al-Mahdî, elle est l'un des deux plats dans lesquels il emploie le navet ou *chaljam*, version arabisée du *chalgham* perse. Al-Warrâq conseillait le radis pour remplacer le navet dans cette préparation ; si les navets n'étaient pas de saison, on pouvait aussi utiliser la calebasse et l'oignon. Dans la version modernisée, nous proposons le rutabaga, qui fait un excellent substitut au navet grâce à son goût plus riche et plus caractéristique. Ibrâhîm composa sur ce plat un poème dans lequel il compare le navet à la lune et aux étoiles, ou encore à des pièces d'argent.

Prends les blancs d'un poulet ou d'une autre
volaille, coupe-les en tranches fines et place celles-ci dans
une marmite avec beaucoup d'huile ; ensuite, recouvre-les d'eau.
Écume. Jette des pois chiches, de l'huile d'olive et le blanc d'un
oignon dans la marmite, attends la fin de la cuisson et
saupoudre de poivre et de cumin. Après, prends le navet et fais-le
bouillir jusqu'à ce qu'il soit bien cuit, puis écrase-le en purée
de telle sorte qu'il n'y reste aucun grumeau. Tamise cette purée
et verse-la dans la marmite. Puis prends des amandes dépouillées
de leur écorce, place-les dans un mortier de pierre en y ajoutant
un morceau de fromage, et broie très finement le tout.
Casse là-dessus les blancs de cinq œufs et bats jusqu'à ce que
le mélange devienne très souple. Répands cette mixture sur le
navet et, s'il y a du lait dedans, ajoute un peu de nard.
Laisse reposer sur le feu. Sers avec de la moutarde.

Bâdhinjân mahchî

2 grosses aubergines
(environ 675 g en tout)

275 g d'oignons finement émincés

175 ml de vinaigre de vin blanc

1,5 cuil. à soupe de sucre brun

25 g d'amandes en poudre

1/2 cuil. à café de curcuma

1 cuil. à café de cannelle en poudre

1/2 cuil. à café de graines de carvi

1,5 cuil. à soupe d'huile de sésame

1 ou 2 cuil. à soupe d'huile d'olive
(facultatif)

Couper les aubergines en quatre dans le sens de la longueur. Les couvrir d'eau dans une casserole, ajouter une pincée de sel et cuire 15 minutes à feu doux. Si elles sont trop longues pour la casserole, les recouper en deux dans le sens de la largeur. Une fois la cuisson terminée, les égoutter et les poser sur une serviette pour absorber l'excédent d'eau.

Faire revenir les oignons dans l'huile de sésame jusqu'à ce qu'ils soient dorés et croustillants.

Passer au mixeur la poudre d'amandes, le vinaigre, le sucre, le curcuma et la cannelle. Ajouter au mélange ainsi obtenu les graines de carvi, puis le verser dans un plat peu profond.

Disposer par-dessus les morceaux d'aubergines et les couvrir de l'oignon frit. (Si on le souhaite, on peut napper le plat d'une cuillerée à soupe ou deux d'huile d'olive.) Servir froid.

Bâdhinjân mahchî. L'un des multiples plats que désigne le terme générique de *bawârid* ou assiette froide. Ils étaient composés de légumes variés parmi lesquels, notamment, la carotte, la calebasse et la betterave. On trouve également des assiettes froides de viande rouge, de volaille (comme dans la recette de la page 100) ou de poisson. Cette préparation à base d'aubergine est, elle aussi, attribuée à Ibrâhîm ibn al-Mahdî, qui adorait ce légume. Les médecins du Moyen Age recommandaient vivement l'aubergine, censée dégager toute obstruction du rein ou de la rate.

Prends l'aubergine, fais-la cuire
à l'étouffée, puis coupe-la en petits morceaux.
Prends un plat et verse dedans du vinaigre, du sucre
blanc, des amandes pilées, du safran, du carvi et de la
cannelle. Après, mets l'aubergine et de l'oignon frit
dans le plat. Répands de d'huile sur le tout
et sers. S'il plaît à Dieu.

Rutab mu'assal

450 g de dattes fraîches
2 cuil. à soupe de miel
100 g d'amandes mondées
3 cuil. à soupe d'eau de rose
1/4 de cuil. à café de safran
(ou de curcuma)
2 cuil. à soupe de sucre
en poudre
2 cuil. à soupe de cannelle
en poudre

Ouvrir précautionneusement chaque datte et la dénoyauter.

Remplacer le noyau par une amande mondée, puis presser la datte pour bien la refermer.

Mélanger l'eau de rose, le miel et le safran (ou le curcuma) dans une petite casserole, porter à ébullition, puis laisser frémir 3 minutes. Ensuite, retirer du feu et laisser refroidir un peu.

A l'aide d'une cuillère à soupe, incorporer les dattes au sirop ainsi obtenu en faisant en sorte que toutes soient bien enrobées ; les laisser deux heures dans le sirop.

Extraire les dattes du sirop et les rouler une à une dans le sucre auquel on aura mélangé la cannelle.

Servir dans des barquettes en papier sur une assiette ou sur un plateau.

Rutab mu'assal signifie littéralement "dattes au miel". Les dattes constituaient la nourriture de base ordinaire des populations rurales ou nomades dans tout le Moyen-Orient, où les robustes palmiers dattiers des régions arides et semi-arides en produisaient de grandes quantités et de multiples variétés. On dit que, selon le Prophète, les dattes avaient la propriété particulière de dissiper poisons et sortilèges et que, toujours selon lui, une maison sans dattes était une maison où régnait la faim. Cette préparation, qui date du XIIIe siècle, est caractéristique de la tradition culinaire citadine la plus sophistiquée, puisqu'on y trouve de l'eau de rose, des amandes, du musc, du camphre et de la jacinthe. Les deux premiers ingrédients suffisent néanmoins à jouir pleinement de sa qualité.

Prends des dattes cueillies de frais
et laisse-les dehors, au grand air et à l'ombre,
pendant toute une journée. Puis ôtes-en la noix et remplace-la
par des amandes dont tu auras enlevé la peau. Pour dix ratl de
dattes, prends deux ratl de miel. Fais-les bouillir avec deux
uqiya d'eau de rose et un demi-dirham de safran. Jette les dattes
dedans et remue pendant une heure. Retire du feu et laisse
refroidir. Lorsque les dattes sont froides, saupoudre-les de sucre
finement moulu et parfumé au musc, au camphre et à la
jacinthe. Mets-les dans des vases de verre pour les conserver et
sème dessus un peu de ta poudre de sucre parfumée. Ferme les
vases et garde-les jusqu'à ce que vienne le froid
et qu'apparaissent les poêlons.

Zirbâj

1 poulet de 1,5 kg découpé

50 g de ciboule ciselée juste dans sa partie verte

2 cuil. à soupe d'huile d'olive

350 ml de vinaigre de vin blanc (éventuellement parfumé à l'estragon)

4 cuil. à soupe de sucre en poudre

3 cuil. à soupe d'eau de rose

1,5 cuil. à café de cannelle en poudre

1/4 de cuil. à café de gingembre en poudre

25 g d'amandes en poudre

25 g d'amandes effilées

Du poivre à volonté

Du persil ciselé pour la garniture

Faire chauffer l'huile dans une grande cocotte, y déposer les morceaux de poulet et les faire légèrement et uniformément dorer.

Ajouter la ciboule et du poivre, à volonté, puis couvrir le poulet d'eau, porter à ébullition et laisser mijoter une demi-heure.

Mélanger dans un bol le vinaigre, l'eau de rose, le sucre, la cannelle, le gingembre et les amandes, remuer brièvement et ajouter ce mélange au poulet. Laisser mijoter encore une demi-heure.

Dresser le poulet dans un plat peu profond et garnir de persil ciselé.

Zirbâj. Il existe plusieurs versions de ce plat d'origine perse. Au Xe siècle, al-Warrâq l'inclut dans un chapitre de son ouvrage intitulé "préparations *zirbâj*", celles-ci étant, tout comme la recette que nous donnons ici, réalisées à la manière d'Ibrâhîm ibn al-Mahdî. La saveur aigre-douce (produite ici par le sucre et par le vinaigre) était un trait commun aux mets d'origine perse. On la retrouve aujourd'hui dans certaines recettes d'Afrique du Nord.

*Prends un bon poulet, découpe-le,
vide-le et place-le dans une marmite propre.
Verse dessus un demi-ratl d'eau fraîche et une demi-*uqiya
*d'une huile de bonne qualité, ainsi qu'un peu de blanc
d'oignon, puis fais-le bouillir. Une fois qu'il est bouilli, verse
dessus du vinaigre blanc, un demi-*ratl *et deux* uqiya *de sucre
blanc, une* uqiya *d'amandes dont tu auras enlevé la peau,
et une* uqiya *d'eau de rose. Ajoute des épices : poivre, cannelle,
gingembre, que tu auras enveloppées dans un linge fin
pour qu'elles n'altèrent pas la couleur du plat.
Laisse épaissir un peu sur le feu.*

Sibâgh

450 g de morue fumée ou de haddock
100 g de raisins secs sans pépins
250 ml de vinaigre de vin blanc
1 gousse d'ail pilée
1 cuil. à café de graines
de coriandre moulues
De l'huile d'olive
Du persil et des quartiers de citron
pour la garniture

Faire tremper les raisins secs et l'ail dans le vinaigre au moins une heure à l'avance, puis passer le mélange au mixeur. S'il est trop âpre, ajouter une cuillerée à soupe de sucre et mélanger.

Faire chauffer l'huile dans une poêle et y ajouter les graines de coriandre moulues, puis frire le poisson 3 ou 4 minutes de chaque côté.

Verser la sauce dans un plat et y déposer le poisson en prenant garde de ne pas le casser. Garnir avec le persil et les quartiers de citron.

Sibâgh. Ce terme générique désigne plusieurs sortes d'assaisonnements ou de condiments. Ici, il s'applique précisément à la sauce qui accompagne le poisson. Cette préparation est attribuée à Ibrâhîm ibn al-Mahdî. Des recettes de ce genre nous sont également parvenues pour des plats à base de volaille. Les voyageurs utilisaient aussi une sorte de *sibâgh* qui, par commodité, se présentait sous forme de petits gâteaux de raisins secs et de graines de grenades que l'on pouvait reconstituer avec du vinaigre au moment de les consommer. Servi au cours du repas, ce genre de condiment était censé nettoyer le palais de la graisse contenue dans certains plats, stimuler l'appétit et faciliter la digestion.

Prends une poignée de raisins secs
de qualité et trempe-les dans du vinaigre.
Puis pile-les. Ajoute un peu d'ail
et mêle-le au vinaigre.
Verse le tout dans une saucière
(pour servir).

Masliya

450 g de filet d'agneau, coupé
en morceaux de 3,5 cm de long

1 gros oignon finement émincé

3 cuil. à soupe d'huile d'olive ou de sésame

225 g d'épinards frais, cuits pendant
3 minutes et grossièrement hachés

75 g de gruyère finement râpé

1 morceau de gingembre de 2,5 cm,
pelé et coupé en deux

1 bâtonnet de cannelle

25 g de coriandre fraîche grossièrement ciselée

1,5 cuil. à café de graines de coriandre
finement moulues

1,5 cuil. à café de cumin en poudre

Du sel et du poivre noir
fraîchement moulu à volonté

Saisir la viande dans l'huile chaude, puis incorporer l'oignon, le gingembre et la cannelle. Couvrir d'eau et ajouter les feuilles de coriandre fraîche, ainsi qu'une pincée de sel. Laisser mijoter 30 minutes.

Ajouter le poivre, la coriandre et le cumin en poudre. Cuire encore 10 minutes.

Ajouter les épinards précuits et laisser mitonner encore 10 minutes.

Dresser dans un plat et saupoudrer de gruyère râpé.

Masliya. Cette préparation, que l'on doit une fois encore à Ibrâhîm ibn al-Mahdî, a quelque chose de typiquement arabe. Le *masl*, un dérivé du lait, répond à plusieurs définitions : caillé séché, petit-lait cuit et séché, ou lait séché. Quoi qu'il en soit, le lait faisait partie de l'alimentation de base des Bédouins qui le considéraient comme "l'un des deux aliments" (l'autre étant, naturellement, la viande). Sous sa forme séchée, il pouvait être conservé longtemps avant d'être consommé et, lorsque le moment venait, il fallait le couper en petits morceaux pour le mettre dans la marmite. Le grand galanga (*khulinjân* en perse) appartient à la famille du gingembre, et on trouve fréquemment ces deux épices ensemble dans les plats du Moyen Age. Comme pour le gingembre, c'est le rhizome piquant de la plante qui est utilisé, mais le galanga étant difficile à trouver, le gingembre peut facilement le remplacer. Pour plus de commodité, on a substitué l'épinard aux feuilles de bettes dans la version modernisée de la recette.

Prends la viande d'un jeune animal de petite taille
et coupe-la en bandes grosses comme le doigt.
Mets-les dans la marmite que tu auras nettoyée avec soin.
Verse sur la viande une huile de qualité, ajoute un bâton de
galanga, un autre de cannelle, de la coriandre fraîche et de fines
tranches d'oignon. Cuis, et lorsque la cuisson est presque
terminée, parsème de poivre, de coriandre séchée et
de cumin pilé. Après, fais bouillir les bettes (les feuilles) et
ajoute-les dans la marmite. Puis hache le masl très menu,
pose-le sur le dessus et présente ton plat.
S'il plaît à Dieu.

Isfânâkhiyya

450 g de filet ou de gigot d'agneau
(moitié haché, moitié coupé en dés de 2,5 cm)

50 g de pois chiches ayant trempé une heure
dans l'eau chaude

450 g d'épinards frais hachés ou 225 g
de feuilles d'épinard surgelées

25 g de riz à long grain

25 g de beurre

Un peu d'huile d'olive

4 cuil. à café de coriandre en poudre

2 cuil. à café de cumin en poudre

1 cuil. à café de cannelle en poudre

1 bâtonnet de cannelle

2 gousses d'ail pilées

1/2 cuil. à café de sel

1 cuil. à café de poivre
de la Jamaïque moulu

Du poivre noir
fraîchement moulu à volonté

Placer les dés de viande dans une cocotte et les faire revenir dans le beurre. Couvrir d'eau, ajouter le sel et faire bouillir 20 minutes. Bien écumer.

Laver les épinards, les hacher et les ajouter en même temps que les pois chiches, 3 cuillerées à café de coriandre, le cumin, l'ail, le bâtonnet de cannelle et le poivre. Rajouter de l'eau si nécessaire et laisser mijoter une demi-heure.

Incorporer le riz et laisser mijoter encore 15 minutes, jusqu'à ce qu'il soit cuit, en rajoutant de l'eau si nécessaire.

Pendant ce temps, prendre l'agneau haché, ajouter la dernière cuillerée à café de coriandre, le poivre de la Jamaïque, ainsi qu'une pincée de sel et bien mélanger. Façonner des boulettes de la taille d'une noix et les faire dorer uniformément dans l'huile.

Les poser ensuite sur les ingrédients dans la cocotte et laisser mijoter 15 minutes.

Dresser dans un plat en posant les boulettes sur la préparation ; saupoudrer de cannelle en poudre et servir chaud.

Isfânâkhiyya. La cuisine médiévale baptisait souvent ses plats du nom de leur ingrédient le plus caractéristique ; c'est le cas ici de l'épinard ou *isfânâkh* (le mot vient du grec), bien qu'il soit préparé avec de la viande. Le mot "queue" *(alya)* désigne quant à lui la queue grasse du mouton : elle était la matière la plus couramment employée pour faire frire la viande. Pour ce qui est du mastic, cette substance résineuse est extraite d'un arbre que l'on trouve communément dans les régions montagneuses du pourtour méditerranéen. Ses cristaux solides peuvent se mâcher comme du chewing-gum ou être utilisés pour parfumer les plats cuisinés. La préparation proposée ici a quelque chose d'inhabituel, dans la mesure où c'est le riz qui y est employé comme agent épaississant plutôt que des amandes moulues, des pois chiches ou de la chapelure.

Prends la viande grasse et coupe-la en morceaux
de taille moyenne. Coupe des tranches de queue fraîche,
fais-les fondre et enlève le dépôt. Plonge la viande dans cette
graisse et tourne-la jusqu'à ce qu'elle soit dorée. Puis couvre-la
de l'eau que tu auras fait chauffer à part. Ajoute un peu de
sel, fais bouillir et écume. Introduis une poignée de pois chiches
que tu auras mis à tremper et dont tu auras détaché la peau.
Prends des épinards frais, lave-les, débarrasse-les de leurs racines
et coupe avec un couteau des morceaux longs comme le doigt,
puis pile-les dans un mortier de pierre et mets-les dans un
poêlon. Lorsqu'ils sont bientôt cuits, ajoute de la coriandre
séchée, du cumin, du poivre concassé, du mastic, de petits bouts
d'écorce de cannelle et un peu d'ail finement pilé. Maintenant,
ajoute de l'eau, autant qu'il en faut, et fais-la tiédir. Lorsqu'elle
a bouilli un moment, verse dedans du riz bien rincé, en le
faisant cuire jusqu'à ce qu'il soit ferme et lisse. Laisse chauffer sur
une flamme lente pendant une heure, puis retire du feu.
Pendant ce temps, tu auras préparé de la viande rouge que tu
auras hachée finement, tu l'auras roulée en boules que tu auras
mises à frire dans l'huile avec les épices habituelles. Sors ta
préparation avec une louche, répands dessus cette viande frite,
en même temps que de l'huile, autant qu'il en faut,
saupoudre de cannelle finement moulue et sers.

Rukhâmiyya

450 g de gigot d'agneau haché

100 g de riz à long grain ayant trempé une heure dans 250 ml de lait

2 cuil. à soupe d'huile d'olive

1 cuil. à café de coriandre en poudre

1 cuil. à café de cumin en poudre

1 cuil. à café de cannelle en poudre

1/2 cuil. à café de sel

Du poivre noir fraîchement moulu à volonté

Assaisonner l'agneau haché avec la coriandre et la moitié du cumin et de la cannelle en poudre ; saler et poivrer à volonté et façonner des boulettes de la taille d'une noix. Les faire frire dans l'huile jusqu'à ce qu'elles soient bien dorées. Les réserver au chaud.

Pendant ce temps, cuire le riz dans le lait où il a trempé, en y ajoutant ce qu'il reste de cannelle et de cumin. Rectifier l'assaisonnement avec du sel. Cuire lentement à feu doux jusqu'à ce que le mélange épaississe.

Verser le riz dans un plat et poser les boulettes dessus. Saupoudrer avec un peu de cumin en poudre.

Rukhâmiyya. Tirée de l'ouvrage du XIIIᵉ siècle que laissa al-Baghdâdî, cette recette doit son nom au mot *rukhâm* qui, en arabe, signifie "marbre", sans doute à cause du contraste de couleurs existant entre le riz cuit dans le lait et la viande frite ; dans une autre variante, cette dernière est hachée, puis disséminée sur le riz en même temps que la cannelle. Il s'agit là de l'un des rares "plats de riz" du répertoire culinaire médiéval, un autre étant le "riz poivré" de la recette de la page 116.

Fais cuire le riz dans du lait jusqu'à ce
qu'il soit épais, puis sors-le à la louche. Pose dessus
de la viande que tu auras fait frire dans de la graisse
de queue de mouton et des épices avant de la
rouler en petites boules, comme dans la recette
précédente. Saupoudre de cannelle.

Michmichiyya

675 g de viande d'agneau coupée en dés

1 gros oignon finement émincé

3 cuil. à soupe d'huile d'olive

175 g d'abricots secs trempés dans l'eau chaude pendant une heure

50 g d'amandes en poudre

De l'eau de rose

1/4 de cuil. à café de curcuma

1/2 cuil. à café de coriandre en poudre

1/2 cuil. à café de cumin en poudre

1/4 de cuil. à café de cannelle en poudre

1/4 de cuil. à café de gingembre en poudre

Du poivre noir fraîchement moulu et du sel à volonté

Faire chauffer l'huile dans une cocotte et dorer uniformément les morceaux de viande.

Incorporer les épices en les mélangeant, assaisonner de sel et de poivre à volonté, et cuire encore 5 minutes.

Introduire l'oignon, puis l'eau dans laquelle les abricots ont trempé, et en ajouter encore suffisamment pour recouvrir la viande. Porter à ébullition, puis réduire le feu et laisser mijoter une heure, jusqu'à ce que la viande soit tendre.

Ajouter, en les mélangeant, les amandes en poudre, puis les abricots, et continuer de cuire jusqu'à ce que le fruit devienne onctueux, sans toutefois qu'il se décompose.

Dresser dans un plat et asperger d'eau de rose.

Michmichiyya. L'abricot *(michmich)* était également connu en arabe sous le nom de "pomme arménienne" *(tuffâh armanî)*. Une recette comme celle-ci – que l'on doit au manuel du XIIIᵉ siècle d'al-Baghdâdî – pourrait avoir été créée à partir des ingrédients disponibles dans les principaux marchés de Bagdad : tous provenaient de régions des terres 'abbâssides qui s'étaient fait une spécialité de certaines denrées alimentaires. Tus, par exemple, au nord-est de la Perse, était célèbre pour ses abricots, Ispahan pour son safran, et la meilleure des eaux de rose, que produisait la province de Fars, était connue sous le nom de *juri*. Quelque 30 000 fioles de *juri* étaient expédiées chaque année aux califes de Bagdad en même temps que l'impôt levé sur les terres.

Coupe de la viande grasse en petits morceaux, mets-les dans
un poêlon avec un peu de sel et couvre-les d'eau. Fais-les bouillir
et écume. Coupe de fines tranches d'oignon, lave-les et jette-les
sur la viande. Ajoute des épices : coriandre, cumin, mastic,
cannelle, poivre, gingembre, toutes finement pilées. Prends des abricots
secs, trempe-les dans l'eau chaude, rince-les, mets-les dans un poêlon
à part et fais-les légèrement bouillir. Sors-les et essuie-les dans tes
mains, puis passe-les dans un tamis. Prends le jus et ajoute-le
dans le poêlon pour faire un bouillon. Prends des amandes
douces, pile-les finement, mouille-les d'un peu de jus d'abricot
et jette-les dans le poêlon. Certains donnent de la couleur
avec un peu de safran. Arrose le plat de quelques
gouttes d'eau de rose, essuie les bords du poêlon avec
un morceau d'étoffe propre et laisse reposer.
Puis retire du feu.

Bayd masous

*25 g de feuilles de céleri finement ciselées,
avec leurs côtes*

1/2 cuil. à soupe d'huile de sésame

*Quelques filaments de safran ou
1/4 de cuil. à café de curcuma*

50 ml de vinaigre de cidre

*1/2 cuil. à café de graines
de coriandre grillées et pilées*

*1/2 cuil. à café de graines
de carvi grillées et pilées*

1/4 de cuil. à café de cannelle moulue

2 œufs

Du sel à volonté

Mettre l'huile dans une poêle à frire, ajouter les feuilles de céleri et bien les tourner dans la poêle.

Faire griller ensemble les graines de coriandre et de carvi, puis les broyer dans un mortier en même temps que la cannelle. Les ajouter dans la poêle, bien mélanger, et chauffer doucement environ 3 minutes. Incorporer ensuite le vinaigre de cidre et le safran (ou le curcuma) et laisser cuire encore 2 minutes.

Battre légèrement les œufs, les saler, les verser dans la poêle chaude et remuer jusqu'à ce que le mélange ait pris.

Bayd masous. Les plats appelés *masous* étaient d'ordinaire préparés avec de la viande rouge ou de la volaille ; leur caractéristique était la présence du vinaigre qui était absorbé ou "aspiré" *(massa)* par les autres ingrédients au cours de la cuisson. Il s'agit là de l'une des nombreuses recettes aux œufs que propose le corpus médiéval ; celle-ci provient d'un ouvrage anonyme, sans doute d'origine égyptienne. On retrouve la même préparation au XIIIe siècle, dans la compilation effectuée par al-Baghdâdî.

Verse un peu d'huile de sésame dans une poêle à frire.
Détache les feuilles de céleri de leurs branches, hache-les
et fais-les frire dans l'huile. Après, saupoudre-les d'une quantité
suffisante de cannelle, de mastic, de coriandre, de carvi, verse du
vinaigre dans le mélange, autant qu'il en faut, et colore avec un
peu de safran. Une fois que le mélange est chaud, rectifie le
goût avec un peu de sel, puis casse l'œuf et ajoute-le. Couvre
la poêle jusqu'à ce que l'œuf soit cuit et sers.

Madîra

*450 g d'agneau maigre
finement émincé*

*350 ml de yaourt au lait de chèvre
ou de brebis*

1 grosse aubergine d'environ 450 g

1 calebasse indienne

1 oignon

Le jus d'un citron

*225 g d'asperges fraîches
ou en boîte (facultatif)*

*1 bouquet de menthe fraîche
(4 ou 5 brins liés ensemble)*

1,5 cuil. à café de menthe sèche

*3 cuil. à café de coriandre
en poudre*

*1,5 cuil. à café de cumin
en poudre*

Du sel

Ajouter la moitié du jus de citron au yaourt.

Couper l'aubergine en dés, ainsi que la calebasse après l'avoir épluchée. Emincer l'oignon. Mettre le tout dans un saladier, arroser du jus de citron restant et saupoudrer d'une cuillerée à café de sel, puis laisser reposer une heure.

Mettre la viande dans une casserole, avec juste ce qu'il faut d'eau pour la recouvrir. Ajouter une pincée de sel. Laisser mijoter 20 minutes sans couvrir ; quand le liquide de cuisson a réduit, incorporer le yaourt et laisser mijoter encore 10 minutes. Oter du feu.

Lorsque les légumes sont prêts, les rincer dans une passoire afin de les débarrasser de leur excès de sel. Puis les ajouter à la viande, en même temps que la menthe, fraîche et sèche, la coriandre et le cumin. Laisser cuire encore 30 minutes, puis retirer le bouquet de menthe fraîche.

Si l'on décide d'utiliser des asperges fraîches, les raccourcir de façon à ne conserver que les pointes et 10-12 cm de la branche. Les cuire ensuite dans une casserole couverte, à feu doux, jusqu'à ce qu'elles soient tendres. Si l'on utilise des asperges en boîte, il suffit de les ajouter aux ingrédients et de les réchauffer.

Dresser dans un plat et disposer les asperges, ainsi que quelques brins de menthe supplémentaires tout autour, en garniture.

Madîra. Un classique de la cuisine arabe, ainsi appelé parce que préparé avec du lait aigre, qui "pique la langue". Pour obtenir la bonne dose de "piquant", on mélangeait du lait frais et du lait ayant séjourné dans un sac en peau de chèvre, ce qui ne tardait pas à le rendre aigre. Ici, entre les mains d'Ibrâhîm ibn al-Mahdî, une transformation s'est opérée qui vise à séduire le palais de l'homme de la ville, et c'est pourquoi Ibrâhîm utilise son légume favori : l'aubergine. Cette recette était considérée comme tellement alléchante que l'on risquait d'être tenté de renoncer au jeûne pour y faire honneur. Elle était aussi censée soulager toutes les indispositions, ce qui lui valut le nom de "nourriture miracle".

Prends une quantité suffisante de lait pour la viande et laisse-le devenir raisonnablement aigre ; s'il l'est trop, prends alors (une proportion de) deux tiers de lait aigre et un tiers de lait frais. Allume un petit feu sur lequel tu vas poser (ta marmite) couverte, puis attends une heure, jusqu'à ce que le lait aigre reste au fond et que le liquide remonte au-dessus. Passe ce dernier et mets-le de côté. Puis prends la viande dans l'épaule (de l'animal), avec les côtes qui en sont proches, coupe-la en fines tranches et lave-la. Si tu es dans la hâte, fais-la un peu cuire à l'étouffée. Puis ôte-la de la marmite et couvre-la d'eau froide, en la laissant s'en imprégner. Une fois que tu en as retiré le liquide, place la marmite contenant le lait aigre sur le feu, après y avoir ajouté la viande. Allume en dessous un petit feu, de façon à faire bouillir deux fois (son contenu), puis pèle et coupe une aubergine, une gourde, un oignon, plonge-les dans l'eau, sale-les et laisse-les une heure. Quand la préparation bout à nouveau, ajoute un bouquet de menthe fraîche. Lorsque le contenu de la marmite a épaissi, arrose-le petit à petit avec le liquide que tu as retiré (du lait aigre). Essuie le tour de la marmite et laisse-la sur les braises. N'ajoute aucune épice, sauf le cumin. Puis enlève le bouquet de menthe et mets à sa place de la menthe fraîche, qui n'aura pas noirci ; si tu n'y vois pas d'inconvénient, tu peux ajouter de la coriandre séchée au cumin. Et si tu as beaucoup d'asperges, mets-en aussi quelques-unes.

Mutajjan bi-sadr al-dajâj

450 g de blancs de poulet coupés en lanières de 2,5 cm de large

2 cuil. à soupe d'huile d'olive

15 g de coriandre fraîche grossièrement ciselée

250 ml de vinaigre de vin blanc

25 g de moitiés d'amandes grossièrement hachées et grillées

1/2 cuil. à café de sumac

1/4 de cuil. à café de poivre noir moulu

Du sel à volonté

Des olives noires pour la garniture

Faire chauffer l'huile dans une cocotte et y faire frire uniformément les blancs de poulet. Lorsqu'ils sont cuits, incorporer la coriandre, le poivre, le sumac et le sel, et remuer 2 ou 3 minutes.

Ajouter le vinaigre et laisser cuire doucement encore 5 minutes.

Dresser dans un plat, saupoudrer d'amandes et garnir d'autant d'olives qu'on le souhaite.

Mutajjan bi-sadr al-dajâj. Une recette facile que nous livre Ibrâhîm, et dont le nom signifie tout simplement "blancs de poulet" *(sadr al-dajâj)* frits dans un *tâjin*. L'ingrédient appelé *murrî* est un condiment ou un assaisonnement préparé qu'il est impossible de reproduire dans une cuisine moderne, étant donné qu'il demande plusieurs semaines de travail intensif, la préparation commençant au printemps pour se prolonger pendant toute la durée des grosses chaleurs estivales. Dire qu'il s'agit d'une farine d'orge agrémentée de diverses épices ne reflète pas la complexité de sa composition. L'une des recettes suggère de le remplacer par du sumac ; la saveur de celui-ci, proche de l'agrume par son astringence, fonctionne bien dans les plats où on l'emploie d'ordinaire, c'est pourquoi nous avons opéré cette substitution dans toutes les recettes que nous donnons ici. On dit du *murrî* qu'il a des propriétés échauffantes qui provoquent la soif et dessèchent, en quoi il est même plus puissant que le sel. On peut contrer les effets produits par le *murrî* en buvant de l'eau ou en mangeant quelque chose de sucré.

Prends des tranches de blancs de poulet,
coupe-les en petits morceaux et fais-les frire
jusqu'à ce qu'elles te semblent cuites. Ajoute-leur du poivre,
de la coriandre fraîche, arrose-les de vinaigre et de
murrî, puis saupoudre-les d'amandes pilées.
S'il plaît à Dieu.

Zirbâjat al-safarjal

1 poulet (d'environ 1,5 kg), coupé en six morceaux dont on aura ôté la peau

100 g de pois chiches en boîte

450 g d'oignons, petits et moyens, épluchés

250 ml de vinaigre de vin blanc

3 cuil. à soupe d'huile d'olive

675 g de coings que l'on aura pelés, coupés en quartiers, et évidés

100 g de chapelure de pain complet (ou de chapelure blonde)

1 morceau de gingembre de 2,5 cm, épluché et coupé en deux

3 cuil. à café de graines de coriandre, grillées et pilées avec 3 cuil. à café de cumin en poudre

Du sel et du poivre à volonté

De la coriandre fraîche ou du poivron rouge pour la garniture

Mettre les morceaux de poulet dans une cocotte avec le gingembre, les oignons entiers, du sel à volonté, et de l'huile. Couvrir d'eau et laisser mijoter 30 minutes en ne couvrant que partiellement la casserole. A la fin, retirer les oignons et les jeter.

Pendant ce temps, dans une autre casserole, faire mijoter doucement les coings dans environ 600 ml d'eau pendant au moins 20 minutes, jusqu'à ce qu'ils se décomposent. Passer le jus et le réserver. Jeter la pulpe des coings.

Ensuite, incorporer au poulet le vinaigre, les pois chiches, le jus des coings, la coriandre, le cumin et le poivre, couvrir la casserole et cuire encore 30 minutes à feu doux. Environ 15 minutes avant la fin de la cuisson, ajouter la chapelure en la mélangeant bien. Dresser dans un plat et garnir avec la coriandre fraîche ou des rondelles de poivron rouge.

Zirbâjat al-safarjal. Il s'agit ici d'un nouveau *zirbâj*, comme on l'a vu dans la recette du même nom (page 58). Une fois encore, nous devons ce plat à Ibrâhîm. L'ingrédient qui y est mis en valeur est le jus de coing *(safarjal)* qui, allié au vinaigre, lui donne une saveur agréablement acidulée. Si l'on en croit la médecine médiévale, les *zirbâj* étaient généralement déconseillés aux personnes à "l'estomac fragile". Mais le coing étant recommandé pour pondérer le *zirbâj*, ce plat devrait convenir à tous les estomacs.

Prends un jeune poulet dodu, découpe-le
et mets-le dans une marmite bien propre. Ajoute-lui
une tranche de galanga, une poignée de pois chiches
trempés et pelés, un ratl d'oignons entiers et un peu de sel.
Verse du sel, assez d'eau pour couvrir (le contenu de la marmite)
et un tiers d'uqiya d'huile. Puis pose la marmite sur le
feu jusqu'à ce que les oignons soient cuits ; après, enlève-les tous,
assure-toi de n'en laisser aucun, et jette-les. Puis verse dans la
marmite un quart de ratl de vinaigre et attends qu'il
chauffe. Après, verse (dans la marmite) un ratl de jus de
coing frais que tu auras pressé le jour même, ajoute une
demi-uqiya de coriandre séchée, un demi-dirham de poivre
et autant de nard, trois dirham de cumin et vingt
dirham d'une mie de pain de bonne qualité. Retire du
feu, nettoie le tour de la marmite et laisse reposer.
Puis présente (sur la table). S'il plaît à Dieu.

Isfidhbâja khadrâ'

450 g de filet d'agneau
coupé en dés de 2,5 cm
100 g d'oignons émincés
3 cuil. à soupe d'huile d'olive
50 g de fromage de chèvre (féta)
1 pied de céleri grossièrement émincé
25 g de coriandre fraîche
3 cuil. à soupe de coriandre en poudre
1 bâtonnet de cannelle
1/2 cuil. à café de cannelle en poudre
1 cuil. à café de poivre noir
Du sel à volonté

Faire chauffer l'huile et y dorer uniformément la viande. Ajouter les oignons, la cannelle, couvrir d'eau et laisser mijoter 30 minutes.

Pendant ce temps, faire bouillir le céleri émincé et la coriandre fraîche dans 900 ml d'eau. Une fois le céleri devenu tendre, le broyer au mixeur. Passer la pâte ainsi obtenue et conserver le liquide comme bouillon pour la viande.

L'ajouter à la viande, avec le fromage émietté, la coriandre séchée, le poivre, la cannelle en poudre et du sel à volonté.

Cuire à feu modéré pendant encore une heure, jusqu'à ce que le bouillon ait beaucoup réduit, en écumant si nécessaire. Dresser dans un plat et garnir de coriandre fraîche.

Isfidhbâja khadrâ'. Al-Râzî, fameux médecin du Xe siècle, dit de ce plat qu'il est très sain et qu'il convient à nombre de tempéraments, de circonstances, et à tous ceux, quel que soit leur âge, qui sont dotés d'un appétit vorace, à l'exception toutefois des véritables gloutons. Pourtant, aux individus à tendance bilieuse, on conseillait de ne pas le consommer seul, mais accompagné d'un fruit au goût acide et suivi d'une portion de *sikbâj* (voir la recette page 94). En ce qui concerne le *kânoun*, il s'agit d'un foyer d'argile, ou de briques faites de boue, que l'on utilisait pour la cuisson. Dans cette recette, Ibrâhîm évoque aussi un procédé que l'on employait couramment pour fabriquer une sorte de bouillon de légumes rapide dans lequel parfumer le plat lors de la deuxième étape de sa préparation : ici, une eau aromatisée au céleri et à la coriandre fraîche.

Prends environ quatre ratl *de viande,*
coupe-les en petits morceaux et mets-les dans une marmite
avec un bâton de cannelle, un ratl *d'oignons coupés en fines*
tranches, un tiers de ratl *d'huile et autant de sel qu'il en faut.*
Couvre d'eau, puis pose vite ta marmite sur un fourneau portable
ou sur un kânoun. *Lorsque le contenu de la marmite est à demi*
cuit, jettes-y jusqu'à cinq dirham *de morceaux de fromage.*
*Une fois la cuisson presque achevée, ajoute un demi-*ratl *de l'eau*
fleurant la coriandre et le céleri, puis pile de la coriandre sèche,
un dirham *de poivre et un demi-*dirham *de cannelle.*
Laisse reposer. Puis retire du feu et sers.
S'il plaît à Dieu.

Khachkhâchiyya

*450 g d'épaule ou de gigot d'agneau
coupé en lanières*

2 cuil. à soupe d'huile d'olive

2 cuil. à soupe de miel

*75 g de graines de pavot blanc,
légèrement grillées*

1 cuil. à soupe de coriandre en poudre

1 cuil. à café de cannelle en poudre

1 cuil. à café de gingembre en poudre

*Quelques filaments de safran ou
1/2 cuil. à café de curcuma*

3 cuil. à soupe d'eau de rose

Du sel à volonté

Faire chauffer l'huile dans une poêle et y frire uniformément la viande. Puis ajouter la coriandre, la cannelle et le gingembre en poudre, ainsi qu'une pincée de sel, et rouler la viande dans ces assaisonnements. Faire mijoter doucement 45 minutes dans l'eau, en en rajoutant si nécessaire.

Pendant ce temps, plonger le miel et le safran, ou le curcuma, dans 300 ml d'eau bouillante, et remuer jusqu'à ce que le miel ait fondu. Puis faire légèrement griller les graines de pavot dans une poêle : les laisser crépiter environ 5 minutes en les remuant pour qu'elles ne brûlent pas. Les ajouter ensuite à l'eau et au miel, et bien mélanger.

Incorporer cette sauce à base de graines de pavot à la viande et laisser mijoter encore une demi-heure, jusqu'à ce que la sauce ait réduit.

Arroser le contenu de la poêle d'eau de rose, laisser chauffer encore une minute, puis servir.

Khachkhâchiyya. Cette recette, figurant dans le cuisinier du XIIIᵉ siècle que nous devons à al-Baghdâdî, tire son nom de la farine de graines de pavot *(samîdh khachkhâchî)* que l'on emploie pour épaissir le bouillon. Alors que de nombreuses variétés de pavots sont utilisées à des fins décoratives, c'est le pavot somnifère, dont il existe également beaucoup d'espèces, qui importe en cuisine. Dans la version modernisée de la recette, nous suggérons d'employer les graines du pavot indien, qui sont d'une couleur blanc cassé, mais on peut leur préférer les graines bleu ardoise du pavot occidental. Ces graines étant dures à écraser, mieux vaut les faire d'abord légèrement griller : le parfum de noisette, à la fois sucré et épicé, qui s'en dégage alors, en accentue la saveur.

*Coupe de la viande rouge en petites tranches. Fais fondre
la graisse d'une queue de mouton fraîche, jette la viande
dedans et fais-la légèrement frire. Ajoute un demi-dirham de
coriandre sèche pilée. Puis couvre d'eau tiède, fais bouillir et
écume. Ajoute alors un bâton de cannelle finement haché et un
peu de gingembre finement moulu. Fais un bouillon avec un
ratl et demi d'eau chaude à laquelle tu ajouteras cent cinquante
dirham de sucre ou de miel. Lorsque le sucre a fondu, saupoudre
d'une poignée de farine de pavot. Remue bien jusqu'à ce que ce
soit cuit et jusqu'à ce que le mélange ait pris. Puis ajoute
trente dirham de pavot frais. Si tu n'en trouves pas, prends du
pavot séché que tu auras fait tremper, puis que tu auras pilé.
Remue encore jusqu'à ce qu'il soit bien mélangé. Colore avec du
safran et arrose d'un peu d'eau de rose. Essuie les flancs de
la marmite avec un morceau d'étoffe propre et laisse-la
une heure sur un feu doux avant de la retirer.*

Mâlih bi-laban

450 g de filets de morue ou de haddock
2 cuil. à soupe d'huile de sésame ou d'olive
475 ml de yaourt nature
2 gousses d'ail émincées
1 cuil. à café de cannelle en poudre
3 cuil. à café de cumin en poudre
2 cuil. à café de graines de coriandre grillées et pilées
1 cuil. à café de coriandre en poudre
1 cuil. à café de sel
Du persil et un poivron rouge ou vert pour la garniture

Saler le poisson et le laisser reposer une heure, avant de le laver, de le sécher sur un torchon et de le couper en lanières larges de 3,5 cm environ.

Faire chauffer l'huile, ajouter les graines de coriandre et faire frire le poisson.

Emincer finement l'ail et l'incorporer au yaourt avec les épices restantes, en mélangeant bien.

Dresser le poisson dans un plat et verser dessus la sauce au yaourt. Garnir avec du persil ou bien avec un poivron rouge ou vert. Servir immédiatement ou consommer froid.

Mâlih bi-laban. Dans certaines régions du monde arabe moderne, la combinaison du poisson et du lait fait l'objet d'une grande suspicion : elle serait toxique et, à ce titre, devrait être évitée. Cette recette, tirée du cuisinier de al-Baghdâdî, a très bien réussi en pratique et, à la connaissance de cet auteur, n'a provoqué aucun décès (ni même aucune indisposition gastrique).

Prends du poisson salé, lave-le,
vide-le, puis fais-le frire dans de l'huile de sésame.
Sors-le quand il est chaud et plonge-le dans du lait dans
lequel tu auras mis de l'ail. Saupoudre de cumin,
de coriandre et de cannelle finement moulus.
Mange chaud ou froid.

Samak machwî

*6 épaisses tranches de morue
ou de haddock*
50 g de cerneaux de noix finement hachés
2 cuil. à café de sumac
2 gousses d'ail écrasées
1 cuil. à café de thym sec
*1 cuil. à café de graines de
coriandre pilées dans un mortier*
1 cuil. à café de cumin
1/2 cuil. à café de cannelle
2 cuil. à soupe d'eau de rose
2 cuil. à soupe d'huile de sésame
Quelques filaments de safran
Du sel à volonté

Préchauffer le four à 180 °C (th. 4).

Mélanger le sumac, le thym, l'ail, le cumin, la coriandre, la cannelle, les noix et le sel. Ajouter une cuillerée à soupe d'huile de sésame et remuer jusqu'à obtention d'une pâte.

Verser l'eau de rose dans un petit verre et y faire "saigner" quelques minutes les filaments de safran ; puis ajouter la deuxième cuillerée à soupe d'huile de sésame. Enduire des deux côtés les tranches de poisson avec ce mélange, ainsi que le fond d'un plat allant au four.

Farcir les tranches de poisson avec la pâte et les poser dans le plat. Cuire 30 minutes au four. Au bout de 15 minutes, les enduire à nouveau avec le mélange d'huile et d'eau de rose.

Les saupoudrer de cannelle et de cumin. Servir chaud ou froid.

Samak machwî. Emboîtant le pas au médecin grec Galien, al-Râzî décrit le poisson comme un aliment globalement nocif et difficile à digérer. Bien qu'il fût lui-même connaisseur en matière culinaire, son avis professionnel médical ne coïncidait pas avec celui des gourmets de son temps, qui se régalaient de mets tels que celui-ci.

Prends du poisson frais et ôtes-en soigneusement
la peau à l'aide d'un couteau. Ouvre-le, lave-le à fond
et sèche-le. Prends des baies de sumac, pile-les menu et jette leurs
pépins. Prends la moitié de cette mesure de thym sec et réduis-le en
miettes, en même temps qu'un quart de cette mesure d'ail pelé et
coupé en fins morceaux. Maintenant, prends la moitié de la
mesure entière de noix, hache-les et mêle-les au reste, en y ajoutant
un peu de coriandre, de cumin, de cannelle et de mastic
finement pilés. Fais-en une pâte avec de l'huile de sésame fraîche
et ajoute du sel à discrétion. Enduis le dedans et le dehors du
poisson d'huile de sésame et de safran mêlé à de l'eau de rose.
Puis remplis-le de la farce décrite. Bride-le avec de solides fils de
coton et perce-le d'une broche de fer. Mets-la dans le four, à feu
doux et non à feu vif. Couvre et laisse bien cuire, puis
retire du feu. Ce plat peut être mangé chaud ou froid.

Khuchknânaj

175 g de fleur de farine
15 g de levure
50 g d'amandes en poudre
50 g de sucre semoule
1 cuil. à café de coriandre en poudre
1 cuil. à café de cannelle en poudre
1 cuil. à soupe d'huile d'olive
2 ou 3 cuil. à soupe d'eau de rose
3 cuil. à soupe de lait
1 cuil. à café de sucre cristallisé
40 g de sucre cristallisé
15 g d'amandes hachées
Une pincée de sel

Tamiser la farine dans un saladier et ajouter une pincée de sel.

Travailler la levure avec une cuillerée à café de sucre cristallisé dans un peu d'eau, puis l'incorporer à la farine. Ajouter la cuillerée à soupe d'huile d'olive, puis de l'eau tiède, et mélanger jusqu'à obtention d'une pâte consistante. Pétrir 10 minutes sur une planche farinée. Couvrir le saladier et le laisser une heure et demie dans un endroit chaud pour faire lever la pâte.

Pendant ce temps, préparer la farce. Travailler ensemble les amandes en poudre, le sucre semoule, la coriandre et la cannelle. Puis y ajouter graduellement l'eau de rose jusqu'à obtention d'un mélange assez ferme.

Une fois la pâte levée, la poser sur une planche farinée et la pétrir pendant 2 ou 3 minutes. La découper ensuite en dix parts égales et travailler celles-ci de façon à donner à chacune une forme plate et oblongue. Puis prélever des fractions de un dixième de farce et en rouler des cigarettes qui auront 2,5 cm de moins que les formes obtenues avec la pâte. Les poser dessus, humecter les bords de la pâte avec de l'eau, les rabattre sur la farce et façonner de façon à obtenir des petits pains cylindriques. Prendre soin de bien enfermer la farce à l'intérieur pour qu'elle ne s'échappe pas en cours de cuisson.

Poser les petits pains sur la plaque du four, que l'on aura préalablement graissée, et cuire à four chaud (230 °C, th. 8) jusqu'à ce qu'ils soient dorés.

Pendant la cuisson, réaliser un glaçage en mélangeant, dans une casserole, à feu doux, les 40 g de sucre cristallisé et les 3 cuillerées à soupe de lait. Une fois le sucre fondu, retirer du feu et ajouter une cuillerée à soupe d'eau de rose. Lorsque les petits pains sont cuits, les sortir du four et les napper avec le glaçage, avant de les saupoudrer d'un peu d'amandes hachées.

Khuchknânaj. Cette préparation du XIIIᵉ siècle figure dans le cuisinier d'al-Baghdâdî au chapitre "confiseries", dans lequel on trouve également les recettes du *hays* (recette page 122) et du *rutab mu'assal* (recette page 56). Le mot lui-même vient du perse *khuchk*, qui signifie "sec", et *nân*, "pain".

Prends une belle farine blanche ; pour chaque ratl
de farine, ajoute trois uqiya d'huile de sésame, et pétris
jusqu'à ce que tu obtiennes une pâte ferme. Laisse-la lever.
Puis donne-lui la forme de longues miches de pain. Au milieu
de chacune de ces miches, mets ce qu'il faut d'amandes pilées
et de sucre parfumé mélangé à de l'eau de rose,
en utilisant moitié autant d'amandes que de sucre.
Puis presse les bords comme à l'accoutumée,
enfourne, cuis et sors du four.

Sughdiyya

450 g d'agneau maigre haché

450 g d'épaule d'agneau coupée en dés

225 g de blancs de poulet coupés en tranches

100 g de pois chiches ayant trempé
toute une nuit dans l'eau

2 oignons moyens finement émincés

100 g d'amandes en poudre

50 g de coriandre fraîche finement ciselée

2 œufs, blancs et jaunes séparés

1 cuil. à soupe d'huile de graines de sésame

2 cuil. à soupe d'huile d'olive

2 cuil. à café d'aneth séché

1 cuil. à café de cannelle en poudre

2 cuil. à café de coriandre en poudre

1 cuil. à café de cumin en poudre

Du sel à volonté

Placer les dés d'agneau dans une cocotte avec l'oignon, l'huile de graines de sésame, la coriandre fraîche, la cannelle et du sel à volonté. Couvrir d'eau et laisser mijoter 30 minutes, en écumant soigneusement.

Ajouter le poulet, les pois chiches, l'aneth, et laisser cuire encore 30 minutes, en ajoutant de l'eau si nécessaire.

Pendant ce temps, assaisonner l'agneau haché avec la coriandre et le cumin en poudre, ajouter une pincée de sel et façonner de petites boulettes. Faire chauffer l'huile d'olive dans une poêle et frire les boulettes jusqu'à ce qu'elles soient uniformément dorées. Les réserver au chaud.

Délayer la poudre d'amandes dans deux cuillerécs à soupe d'eau, puis ajouter les blancs des deux œufs et remuer jusqu'à obtention d'une pâte homogène. A la fin de l'étape n° 2, incorporer graduellement cette pâte aux ingrédients contenus dans la cocotte en remuant bien.

Battre les jaunes d'œufs et les verser sur les ingrédients contenus dans la cocotte. Déposer ensuite précautionneusement les boulettes à la surface. Couvrir la cocotte et laisser mijoter doucement 20 minutes environ. Saupoudrer d'un peu de cannelle et de cumin en poudre et servir.

Sughdiyya. Chose exceptionnelle, cette recette tire son nom d'un lieu, et non de l'un des ingrédients qui la composent. Sughd était une région de Perse, située entre Bukhara et Samarkand, dans l'actuelle Russie*. Ce plat, et d'autres comme lui, fut une contribution à la "*haute cuisine***"qui apparaissait à Bagdad où il fut introduit par des individus venus des quatre coins de l'Empire 'abbâsside, attirés par cette capitale impériale et cosmopolite. La recette originale, assez complexe, a été simplifiée pour la cuisine moderne.

_____

* Ouzbékistan. (*N.d.T.*)
** En français dans le texte. (*N.d.T.*)

Coupe des tranches de viande grasse et jette-les dans
la marmite avec quelques oignons, deux dirham de
coriandre, un bâton de cannelle gratté et deux dirham de sel.
Remue sans t'arrêter. Lorsque la viande est bien juteuse et
aromatisée, jette dans la marmite une poignée de pois chiches, et
remue. Si tu le souhaites, tu peux ajouter un coq ou des poussins
coupés en quartiers. Recouvre d'eau. Ajoute un peu d'huile de
sésame et d'aneth lavé. Lorsque ta préparation bout, ôte l'aneth.
Prends quelques amandes, pèle-les, pile-les menu et mêle-les dans
de l'eau. Ajoute-leur des blancs d'œufs, bats-les bien, puis jette le
tout dans la marmite avec du sel à discrétion. Maintenant, prends
de fines tranches de viande, à demi bouillies et salées. Couche
des branchettes en travers de la marmite et pose la viande dessus
afin de la fumer dans les vapeurs montant de la marmite.
Lorsque (le contenu de) la marmite est cuit, jette les tranches de
viande dessus, en même temps que les jaunes d'œufs. Puis prends de
la viande rouge, hache-la bien avec un gros couteau, et attendris-la
dans le mortier avec les épices et du sel à discrétion, avant d'en
faire des petites boules. Mets-les à mijoter avec les tranches de
viande, puis retire-les, et plonge-les dans les blancs d'œufs ; fais
en sorte qu'elles soient chaudes pour bien absorber les blancs et en
être recouvertes. Puis remets-les dans la marmite avec les tranches
de viande. Essuie les flancs de la marmite avec un linge propre,
couvre-la, et laisse reposer une heure sur le feu. Puis saupoudre
de cumin et de cannelle finement moulus, et retire du feu.

Na'na' mukhallal

100 g de menthe fraîche grossièrement ciselée
25 g de feuilles de céleri ciselées
2 gousses d'ail finement émincées
250 ml de vinaigre de vin
1 cuil. à café de thym
1 cuil. à café de basilic
Quelques filaments de safran

Placer la menthe et tous les autres ingrédients dans une bouteille ou un bocal bien fermés.

Laisser reposer un jour ou deux, jusqu'à ce que la menthe se soit imprégnée de l'âpreté du vinaigre.

Na'na' mukhallal. Sauce à la menthe à la mode médiévale. On préparait à la maison beaucoup de pickles *(mukhallalât)* de ce genre avec des légumes variés (ceux aux aubergines et aux navets étaient courants), et on les conservait plusieurs mois en en faisant un usage quotidien. La méthode employée dans cette recette du XIIIᵉ siècle est la simplicité même ; l'humidité des feuilles de menthe ou de céleri contribue efficacement à diluer l'âpreté du vinaigre *(khall).* Les pickles avaient la même fonction que le *sibâgh* (recette page 60) : aider la digestion. On peut en poser une petite assiette ou un bol sur la table, en même temps que les autres plats, et y piocher entre deux bouchées.

Prends de la menthe fraîche à larges feuilles
et détache ces feuilles de la branche. Lave-les et mets-les à
sécher à l'ombre. Saupoudre-les d'herbes aromatiques.
Si tu le désires, ajoute des feuilles de céleri et les quartiers
d'une gousse d'ail pelée. Plonge le tout dans une bouteille
de verre, couvre d'un bon vinaigre et colore d'un peu de
safran. Laisse reposer jusqu'à ce que la menthe ait
absorbé l'âpreté du vinaigre et que celui-ci ait
perdu son acidité. Et puis sers.

Tirrîkh mufarraka

450 g de filets de morue, de haddock ou de colin coupés en petits morceaux

2 œufs

3 cuil. à soupe d'huile de sésame ou d'olive

1 cuil. à soupe de jus de citron

2 cuil. à café de coriandre en poudre (ou de graines de coriandre grillées et pilées)

1 cuil. à café de cumin en poudre (ou de graines de cumin grillées et pilées)

1/2 cuil. à café de cannelle en poudre

Une pincée de sel

Des quartiers de citron et du persil pour la garniture

Faire chauffer l'huile et frire le poisson avec la cannelle, la coriandre et le cumin en poudre (ou pilés) ; saler et laisser cuire à feu modéré.

Pendant ce temps, battre les œufs.

Lorsque le poisson est cuit, ajouter le jus de citron, bien mélanger, puis verser les œufs, en remuant toujours, jusqu'à ce que le poisson et les œufs aient revêtu une couleur brun doré.

Dresser dans un plat et garnir avec le citron et le persil.

Tirrîkh mufarraka. Une recette tirée du cuisinier du XIIIᵉ siècle que nous devons à al-Baghdâdî. Le *tirrîkh* (le mot vient du grec) était un poisson que l'on pêchait dans le lac de Van, en Arménie. La *mufarraka* évoqué ici était un plat de foies de volaille qui devait sa saveur acide à l'ajout du citron, également recommandé pour le poisson dans la version modernisée de la recette.

Fais frire le tirrîkh *et ôte les arêtes comme
il est dit. Saupoudre avec les épices. Casse l'œuf dessus
et fais frire avec de l'huile de sésame dans un grand poêlon.
Remue jusqu'à obtenir une couleur brune, comme dans
la* mufarraka *de la recette précédente.
Si tu souhaites un goût acide, arrose d'un
peu de jus de citron pur.*

Sikbâj

1 kg-1,250 kg d'épaule d'agneau
1 gros oignon
25 g de coriandre fraîche ciselée
450 g de poireaux fendus en deux
1 petite aubergine d'environ 225 g
50 g de dattes sèches divisées par moitié
50 g de figues sèches divisées par moitié
25 g de raisins secs
50 g d'amandes mondées divisées par moitié
1 cuil. à soupe de miel
250 ml de vinaigre de vin blanc
1 bâtonnet de cannelle
*2 cuil. à café de graines de coriandre
grillées et pilées*
Quelques filaments de safran
2 cuil. à soupe d'eau de rose
Du sel à volonté

Couper l'agneau en dés de taille moyenne et les mettre dans une cocotte avec la coriandre fraîche, la cannelle et du sel à volonté. Couvrir d'eau et laisser mijoter 45 minutes, jusqu'à ce que la viande soit presque tendre. Ecumer si nécessaire.

Pendant ce temps, émincer finement l'oignon et couper les poireaux en rondelles. Peler l'aubergine, la couper en dés et la faire bouillir dans une casserole à part pendant 10 minutes.

Ajouter l'oignon et les poireaux dans la cocotte et laisser mijoter 10 minutes ; puis incorporer l'aubergine et la coriandre pilée et cuire encore 20 minutes.

Pendant ce temps, préparer le vinaigre de vin en y ajoutant les filaments de safran, le miel, et agiter jusqu'à ce que le mélange vire au jaune. Le verser dans la cocotte et remuer. Poser ensuite les fruits secs et les amandes sur les ingrédients, couvrir la cocotte et cuire encore 30 minutes à feu doux. Rajouter du bouillon si nécessaire.

Dresser dans un plat et disposer les fruits et les amandes autour de la viande. Asperger d'eau de rose avant de servir.

Sikbâj. Du perse *sik*, "vinaigre", et *bâj* qui signifie "un genre ou une sorte de". Cette recette, dans sa version du XIIIᵉ siècle, remonte à l'époque préislamique. On raconte qu'en Perse, l'empereur sassanide Chosroes Anushirwan mit un jour à l'essai un grand nombre de cuisiniers, exigeant de chacun qu'il préparât le mets le plus délicat de sa connaissance. Sans se concerter, tous firent un *sikbâj*. L'empereur le surnomma la "reine des mets" et dépensa chaque jour mille pièces d'argent pour qu'on le lui cuisine. Ce plat était tellement prisé que seuls les résidents du palais royal étaient autorisés à le déguster. A la demande du calife al-Amîn, neveu d'Ibrâhîm, la concubine et collaboratrice cuisinière de ce dernier, la remarquable Badî'a, concocta une variante de cette recette. Une autre variante, postérieure, suggère de laisser toute une nuit au four la marmite couverte de *sikbâj*, afin qu'il cuise très lentement.

Coupe de la viande grasse en morceaux de taille moyenne, mets-les dans la marmite et couvre-les d'eau et de coriandre fraîche, ajoute un bâton de cannelle et du sel à discrétion. Lorsque la préparation bout, ôte l'écume et la crème avec une louche et jette-les. Ote aussi la coriandre fraîche et mets de la coriandre sèche à la place. Prends des oignons blancs, des poireaux de Syrie, des carottes, si la saison l'autorise, et, sinon, de l'aubergine.

Pèle l'aubergine, fends-la et fais-la cuire à l'étouffée dans un poêlon séparé. Puis égoutte-la et mets-la dans la marmite, sur la viande. Ajoute les épices et du sel, à discrétion. Lorsque la cuisson est presque terminée, prends du vinaigre de vin et du jus de datte, ou du miel si tu préfères — le jus de datte est ce qui convient le mieux —, et remue afin que le mélange soit mi-aigre mi-doux.

Après, verse-le dans la marmite et fais bouillir une heure. Au moment de retirer du feu, enlève un peu de l'écume, presse déli-catement du safran dans celle-ci, et verse-la à nouveau dans la marmite. Puis prends des amandes douces, pèle-les, fends-les en deux et pose-les sur le contenu de la marmite, en même temps que quelques raisins secs et figues sèches. Couvre et laisse reposer une heure sur le feu. Essuie les flancs de la marmite avec un linge propre et asperge d'eau de rose. Une fois que tu as laissé reposer ta préparation, ôte-la du feu.

'Ukayka

*450 g d'épaule d'agneau coupée
en dés de 2,5 cm*

*175 ml de yaourt au lait
de chèvre ou de brebis*

2 grosses gousses d'ail

2 cuil. à soupe d'huile d'olive

2 cuil. à café de coriandre en poudre

2 cuil. à café de cumin en poudre

1 cuil. à café de cannelle en poudre

1 cuil. à café de mastic cristallisé (facultatif)

Du sel et du poivre à volonté

*Une moitié d'un poivron rouge
et une autre d'un poivron vert, finement
émincées pour la garniture*

Faire chauffer l'huile et y dorer uniformément la viande.

La couvrir d'eau et ajouter le mastic (si on le désire), ainsi que les assaisonnements : coriandre, cumin, cannelle, sel, poivre, et cuire lentement, jusqu'à ce que la sauce se soit presque évaporée, soit une heure environ.

Pendant ce temps, hacher finement l'ail et l'incorporer au yaourt. Lorsque la viande est cuite, ajouter cette sauce au yaourt et cuire à feu doux jusqu'à ce qu'elle soit bien chaude.

Dresser dans un plat et garnir avec les poivrons rouge et vert émincés.

'Ukayka. Parmi les manuels de cuisine de la période médiévale, seul celui de al-Baghdâdî fait mention d'un plat portant ce nom, dont la signification demeure d'ailleurs incertaine. La recette figure dans un chapitre consacré aux plats à base de produits laitiers, encore que la nature précise du lait perse *(al-laban al-fàrisî)* reste assez obscure. Ici, nous l'avons interprétée comme étant une sorte de yaourt. Pure spéculation, il faut le reconnaître, mais qui ne semble pas porter atteinte à la saveur intéressante du plat.

Prends une queue de mouton fraîche, coupe-la et
fais-la fondre pour en extraire le dépôt. Puis prends de la
viande grasse, coupe-la en petits morceaux et jette ceux-ci dans
la graisse de queue fondue, en les remuant jusqu'à ce qu'ils soient
dorés. Couvre-les d'eau et d'un peu de sel, et laisse cuire et
sécher, jusqu'à ce que, du jus, seule reste l'huile. Ajoute de la
coriandre sèche, du cumin finement moulu, de la cannelle, du
poivre concassé et du mastic. Continue de remuer. Prends du
lait perse, autant qu'il en faut, dans lequel tu auras ajouté de
l'ail pilé, et jette-le dans la marmite qui continue de bouillir.
Maintenant, retire-la du feu vif et laisse-la sur un feu doux
jusqu'à ce que le lait se fige, jette alors l'huile flottant sur le dessus.
Après, saupoudre un peu de cannelle finement moulue.
Essuie les flancs de la marmite avec un linge
propre et ôte-la du feu.

Maqlouba

225 g d'agneau maigre haché

75 à 100 g de cerneaux de
noix hachés finement

1 cuil. à café de sumac

1/2 cuil. à café de coriandre en poudre

1/2 cuil. à café de cumin en poudre

1/2 cuil. à café de cannelle en poudre

1 cuil. à café de menthe sèche

1 œuf légèrement battu

2 cuil. à soupe d'huile d'olive

1 cuil. à café de jus de citron

Une pincée de sel et de poivre, à volonté

Dans un saladier, bien mélanger la viande, tous les assaisonnements, l'œuf, et le jus de citron. Ajouter les cerneaux de noix hachés et remuer à nouveau, en s'assurant qu'ils soient bien répartis dans le mélange. Façonner ensuite une grosse boule. Puis en prélever de petites portions et les aplatir en "croquettes" dans le creux de la main.

Faire chauffer l'huile dans une poêle et frire les "croquettes" trois ou quatre minutes de chaque côté, jusqu'à ce qu'elles aient l'air cuites. On peut les consommer froides ou chaudes.

Maqlouba. Le mot signifie tout simplement "retourné" et peut s'appliquer à une grande variété de plats dans lesquels les ingrédients contenus dans la poêle sont renversés – dans le cas précis, comme pour la cuisson d'un hamburger. Cette recette est extraite du cuisinier de al-Baghdâdî.

Prends de la viande rouge, découpe-la, puis hache-la
avec un grand couteau. Mets-la dans un mortier et attendris-la
de façon à obtenir les plus petits morceaux possibles. Prends du
sumac frais, fais-le bouillir, puis exprimes-en l'eau. Plonge la
viande hachée dans l'eau et fais-la bouillir jusqu'à ce qu'elle
soit cuite, de sorte qu'elle absorbe toute l'eau du sumac, même si
celle-ci recouvrait la viande au double de sa hauteur. Puis ôte la
viande de la marmite et arrose-la d'un peu de jus de citron.
Etale-la pour qu'elle sèche. Puis saupoudre-la d'épices
finement moulues : coriandre sèche, cumin, poivre et cannelle,
et frotte dessus quelques brins de menthe sèche. Prends des noix,
hache-les grossièrement et ajoute-les. Casse des œufs et mêle-les
à la viande. Donne-lui la forme de petits gâteaux et
fais-les frire dans un bon poêlon de fer ou de cuivre avec de
l'huile de sésame fraîche. Lorsqu'une face est cuite,
retourne le gâteau sur l'autre. Après, retire du feu.

Bârida

*1 poulet de taille moyenne
(environ 1,250-1,5 kg), découpé*

50 g d'amandes en poudre

25 g de sucre semoule

250 ml de vinaigre de vin blanc ou de cidre

100 ml de vinaigre de vin blanc

1 cuil. à soupe d'huile d'olive

*2 cuil. à café de farine de moutarde ou de
moutarde jaune avec graines*

*Quelques filaments de safran
ou 1/2 cuil. à café de curcuma*

Du sel à volonté

Les graines d'une grenade pour la garniture

*Des rondelles de concombre coupées en
demi-lune pour la garniture*

Des olives noires (facultatif)

*25 g de moitiés d'amandes grillées
(facultatif)*

Placer les morceaux de poulet avec la tasse de vinaigre de vin ou de cidre dans une cocotte et laisser mijoter 30 minutes.

Pendant ce temps, passer au mixeur les amandes en poudre, le sucre, la moutarde, le safran, le sel, l'huile et la demi-tasse de vinaigre de vin blanc, jusqu'à obtention d'une sauce fine.

Une fois qu'il est cuit, ôter le poulet de la cocotte et, après l'avoir laissé un peu refroidir, détacher la viande des os et la couper en petits morceaux. Ajouter une demi-tasse du bouillon restant dans la cocotte à la sauce aux amandes et bien remuer.

Dresser les morceaux de poulet dans un plat peu profond et verser dessus la sauce aux amandes, en prenant soin de bien les recouvrir. Disposer les demi-lunes de concombre sur le bord du plat et éparpiller les graines de grenade sur le poulet. Si on ne trouve pas de grenades, des olives et des moitiés d'amandes grillées fourniront, avec le concombre, une garniture plaisante et appétissante.

Bârida. Ce plat de poulet froid fut imaginé par Ibrâhîm ibn al-Mahdî. Il donne à sa recette un tour poétique, ce qui n'est guère surprenant de la part d'un homme qui était non seulement un gourmet, mais aussi un poète de renom. Ibn al-Mahdî décrit ce plat comme une parfaite nourriture estivale. Le médecin al-Râzî fait observer que de tels mets, de type *bawârid*, lorsqu'ils sont préparés avec du vinaigre ou avec du jus de fruits aigres, apaisent et tempèrent l'humeur. Le *quththâ'* et le *faqqous*, mentionnés dans la recette originale, sont des variétés de concombre.

Deux mesures d'amandes et de sucre, deux mesures
de vinaigre et de moutarde seront mêlées ensemble dans
une jatte avec des fleurs de crocus en partie séchées qui
ajouteront de la couleur sur les bords. Concombre pelé, quththâ',
faqqous *et grenade, tous hachés menu, seront saupoudrés
partout sur la jatte. Tu ajouteras un peu d'huile. Puis tu
prendras un beau et jeune poulet, cuit dans le vinaigre, découpé
en morceaux, et tu le poseras sur le contenu de la jatte. Tu
décoreras ton plat d'une grenade (de ses graines),
d'amandes et d'olives hachées menu.*

Narjisiyya

450 g d'épaule ou de gigot d'agneau coupé en dés de 2,5 cm

2 oignons moyens finement émincés

3 grosses ciboules émincées

8 asperges cuites (fraîches ou en conserve)

3 cuil. à soupe d'huile d'olive

4 jaunes d'œufs

15 g de coriandre fraîche grossièrement ciselée

2 cuil. à café de coriandre en poudre

1 cuil. à café de cannelle en poudre

1 cuil. à café de cumin en poudre

1/2 cuil. à café de sumac

1/2 cuil. à café de gingembre en poudre

Du sel et du poivre à volonté

Quelques brins de rue fraîche pour la garniture (facultatif)

Faire chauffer l'huile et saisir la viande.

Ajouter la coriandre et le cumin en poudre, le sel et la cannelle et bien enrober la viande de ces épices. Puis ajouter l'oignon, la ciboule et la coriandre fraîche et faire frire doucement 5 minutes supplémentaires.

Couvrir d'eau et laisser mijoter une heure en faisant beaucoup réduire le liquide, sans toutefois qu'il s'évapore totalement. Ajouter le gingembre, le sumac et le poivre.

Dresser dans un plat à sauter ou dans un plat en fonte peu profond, et disposer les asperges cuites de sorte qu'elles rayonnent depuis le centre.

Déposer sans les casser les jaunes d'œufs à intervalles réguliers entre les asperges. Remettre à feu doux, couvrir, et chauffer très doucement jusqu'à ce que les jaunes soient tout juste cuits, sans être solides. Si on le souhaite, garnir de quelques brins de rue. Servir immédiatement.

Narjisiyya. Voici une nouvelle envolée poétique d'Ibrâhîm ibn al-Mahdî, répondant ici à la requête d'un ami qui lui demandait une bonne recette. On note la présence d'un ingrédient surprenant, l'asperge, qui n'apparaît que rarement, encore que Ibrâhîm semble avoir pour elle une prédilection particulière (voir la recette de la page 112). Dans une variante postérieure, tirée de l'ouvrage d'al-Baghdâdî, on imite la fleur du narcisse en garnissant le plat d'œufs pochés, preuve que l'on prêtait aussi beaucoup d'attention à la présentation des mets.

Détache les côtes de la carcasse, puis la viande
et la graisse du flanc. Découpe cette viande grasse toute
fraîche et lave-la. Mets-la dans un poêlon sur le feu et fais-la
frire avec de l'huile et des épices jusqu'à ce qu'elle soit dorée.
Puis coupe dessus de fines tranches d'oignon, d'un oignon vert,
rond et frais, ajoute de la rue et de la coriandre et, après,
du murrî, du gingembre et un peu de poivre. Puis des
asperges. Casse là-dessus des jaunes d'œufs qui sembleront
les astres rayonnant dans le firmament et la fleur ronde
du narcisse. Saupoudre des brins de rue.
Et sans oublier Dieu, déguste ce mets
sain et délicieux.

Tabâhija

*450 g de gigot d'agneau
coupé en fines lanières*

1 aubergine de 450 g pelée et émincée

1 oignon de 225 g émincé

5 cuil. à soupe d'huile d'olive

100 ml de vinaigre de vin blanc

2 cuil. à soupe de jus de sumac (facultatif)

2 cuil. à café de cumin en poudre

*3 cuil. à café de graines de coriandre
grillées et pilées*

*2 cuil. à café de graines de carvi
grillées et pilées*

2 cuil. à café de cannelle en poudre

Du sel à volonté

Des brins de persil frais pour la garniture

Faire chauffer l'huile et y saisir la viande.

Ajouter l'oignon, l'aubergine, le sel, et laisser cuire encore 10 minutes.

Couvrir d'eau et laisser mijoter 45 minutes, jusqu'à ce que la viande soit tendre.

Ajouter le vinaigre, le jus de sumac, si on le souhaite (pour la préparation du jus de sumac, se reporter à l'étape n° 2 de la recette de la *'ijja min bâd-hinjân*, page 108), les épices, et laisser cuire encore 15 minutes.

Dresser dans un plat et garnir de brins de persil ou d'autres herbes fraîches, comme la menthe ou la coriandre.

Tabâhija. Encore un plat dont le nom fut arabisé à partir du persan et dont il existe plusieurs variantes dans la plupart des manuels culinaires. Celle-ci, attribuée à Ibrâhîm ibn al-Mahdî, est la plus ancienne que nous connaissons. A l'instar du *murrî*, le *kâmakh* est un assaisonnement savoureux dont la préparation exige beaucoup de temps, puisque l'opération commence au mois de juin pour s'achever en octobre. Dans cette recette du *tabâhija*, on utilise du jus de *kâmakh*, c'est-à-dire que l'on en extrait les éléments solubles en le faisant tremper ou macérer dans l'eau. Une version postérieure de ce plat, datant du XIIIᵉ siècle, propose l'emploi du jus de sumac, préparé de la même manière que le jus de *kâmakh*, pour remplacer le *murrî*.

Prends la viande, coupe-la en tranches et lave-la bien.
Mets un demi-ratl d'eau dans une marmite et fais-la bouillir.
Plonge la viande dedans, verse de l'huile de qualité, un peu de
sel, et coupe dessus des tranches d'aubergine pelée, ainsi que
des rondelles d'oignon. Lorsque le contenu de la marmite est
cuit et que le jus de cuisson s'est évaporé, arrose le plat d'une
demi-cuillerée de jus de kâmakh et de murrî, et, si tu le
souhaites, ajoute une mesure égale de vinaigre. Après, hache
des herbes et des épices, broie un peu de coriandre ou de carvi,
de la cannelle et du cumin, saupoudre-les et
remue un moment. Lave les flancs de la marmite
avec une louche d'eau et laisse reposer un moment.
Puis sers, s'il plaît à Dieu.

Zaytoun

*225 g d'olives noires rincées
pour en ôter la saumure*
250 ml d'huile d'olive
1,5 cuil. à café de thym sec
Du sel à volonté

Mélanger tous les ingrédients dans un bocal bien fermé et les y laisser plusieurs jours, ou plusieurs semaines, avant de servir.

Zaytoun. Cette façon de préparer et de conserver les olives, proposée par Ibrâhîm ibn al-Mahdî, fournit un accompagnement agréable aux autres plats posés sur la table pour le repas : on peut y puiser quand on le désire. On peut aussi se servir de ces olives lorsqu'on en a besoin pour préparer une recette (par exemple, celle de la page 112). Le bassin méditerranéen représente à lui seul 98 % de la superficie des oliveraies destinées à la production de l'huile. Originaire de cette région, l'olivier est cultivé depuis trois millénaires pour ses fruits et l'huile qu'ils fournissent, laquelle est employée en cuisine, en cosmétique, ou bien encore, comme huile de lampe.

Prends des olives noires ou vertes,
les noires étant les meilleures, et mets-les dans
une jarre en y ajoutant du sel et du thym.
Puis recouvre-les d'une huile de qualité.
Sers-t'en lorsque tu en as l'occasion.
S'il plaît à Dieu.

'Ijja min bâdhinjân

Pour 18 portions :

1 aubergine de 450 g

*1 cuil. à café de graines de coriandre
grillées et pilées*

1/2 cuil. à café de poivre fraîchement moulu

1/2 cuil. à café de cannelle en poudre

*250 g de chapelure de pain complet
(ou de chapelure blonde)*

100 ml de vinaigre de vin rouge

1 cuil. à soupe d'huile d'olive

2 gousses d'ail finement pilées

1 cuil. à café de sumac

De l'huile pour la friture

Peler l'aubergine, la couper en quatre et la faire bouillir dans de l'eau pure jusqu'à ce qu'elle soit tendre. Bien l'égoutter. La mettre dans un saladier et éponger l'excès de liquide avec des serviettes.

Préparer ce qui va remplacer le *murrî* : mettre simplement le sumac dans une demi-tasse d'eau et faire bouillir environ 3 minutes, jusqu'à ce que le liquide ait réduit de moitié. Réserver dans un petit récipient.

Ajouter à l'aubergine la chapelure, le poivre, la coriandre, la cannelle et une cuillerée à café de l'ersatz de *murrî*, et remuer vigoureusement jusqu'à ce que le mélange soit homogène.

Faire chauffer l'huile dans une poêle, aplatir de petites portions du mélange à base d'aubergine dans une cuillère, les pousser doucement dans la poêle et les faire dorer des deux côtés à feu moyen, de façon à obtenir des sortes de "petits pains".

Préparer la sauce avec le vinaigre, l'huile d'olive, l'ail et deux cuillerées à café de l'ersatz de *murrî*. Faire bouillir le tout dans une casserole jusqu'à ce que le liquide ait réduit environ de moitié.

Servir les "petits pains" sur une assiette et verser la sauce dans un récipient distinct, en accompagnement. On peut alors déguster l'aubergine avec ou sans la sauce, les deux manières étant délicieuses.

'Ijja min bâdhinjân. Sous sa forme habituelle, la *'ijja* est un plat à base d'œufs, semblable à une omelette (voir la recette page 128). Le mot est employé ici dans un autre sens, s'appliquant à un plat composé de divers ingrédients que l'on mélange pour obtenir une sorte de pâte qui sera plongée dans la friture. L'élément de liaison de cette préparation est la chapelure plus que l'œuf. Cette recette est extraite d'un ouvrage anonyme, vraisemblablement d'origine égyptienne.

Prends une belle aubergine et pèle-la. Fais-la
bouillir dans de l'eau salée jusqu'à ce qu'elle soit bien cuite.
Exprimes-en toute l'humidité. Puis travaille-la dans une jatte
avec des morceaux de pain réduits en miettes, une décoction de
murrî, du poivre, de la coriandre sèche, de la cannelle, et bats le
tout jusqu'à obtenir un mélange lisse. Puis mets de l'huile dans
un poêlon et fais-y frire des portions de ce mélange, auxquelles
tu auras donné la forme de petites miches, jusqu'à ce qu'elles
soient bien cuites et dorées. Prépare une sauce avec du vinaigre,
de l'huile, du murrî et de l'ail pilé. Fais bouillir le tout
et verse sur les miches au moment de manger.

Jazar

450 g de carottes coupées en dés
1 cuil. à soupe d'huile d'olive
100 ml de vinaigre de vin rouge
1 gousse d'ail pilée
1 cuil. à café de graines de carvi
Du sel à volonté

Fendre les carottes en deux dans le sens de la longueur, puis en quatre, et couper les bâtonnets en dés de 1 cm. Les faire bouillir 5 minutes dans de l'eau salée. Vider l'eau de la cocotte, ôter les carottes et les réserver.

Faire chauffer l'huile dans la cocotte et y plonger les carottes en remuant 5 minutes. Les retirer lorsqu'elles sont cuites, mais encore craquantes.

Verser le vinaigre, l'ail pilé et les graines de carvi dans la cocotte, porter à ébullition et faire réduire le liquide de moitié. Y incorporer les carottes.

Jazar. Rares sont les plats du répertoire médiéval arabe qui mettent en valeur un légume en tant que tel. Ici, il est utilisé pour décorer l'assiette sur laquelle on sert un autre mets et constitue, en fait, l'accompagnement parfait d'un plat de riz nature. Cependant, la carotte peut se suffire à elle-même, car elle appartient à une famille de plantes (parmi lesquelles le carvi, le cumin, la coriandre et l'aneth, tous courants dans la cuisine arabe médiévale) caractérisée par des essences très parfumées. Cette recette, datant du XIIIe siècle, est originaire du Maroc.

Coupe des carottes en morceaux sans les peler.
Choisis ceux qui sont de taille moyenne, coupe-les en
deux et fais-les cuire dans de l'eau salée. Après, sèche-les et
mets-les à frire dans un poêlon avec de l'huile fraîche.
Puis verse dessus du vinaigre que tu auras fait bouillir
avec de l'ail pilé et du carvi. Tu peux aussi ne pas frire les
morceaux de carottes (ou les frire et les poser après)
comme décoration sur un plat.

Maghmouma

675 g d'agneau coupé en petits dés
2 foies de volaille émincés
4 ciboules finement ciselées
100 g de poireaux émincés
175 g de pois chiches cuits (en boîte)
10 à 12 asperges fraîches, en boîte ou surgelées
2 cuil. à soupe d'huile d'olive
50 g de cerneaux de noix moulus
100 g de fromage de chèvre ou de brebis
coupé en tranches fines
6 à 8 olives noires dénoyautées
et coupées en deux
1 œuf
25 g de coriandre fraîche grossièrement ciselée
2 cuil. à café de coriandre en poudre
1 cuil. à café de sumac
Du sel à volonté
2 pains pita
De l'huile pour frire le pain

Passer au mixeur les pois chiches cuits jusqu'à obtention d'une pâte.

Faire bouillir les asperges dans une eau légèrement salée jusqu'à ce qu'elles soient tendres. Les égoutter, puis les couper en deux. Les réserver pour la fin où elles seront utilisées comme garniture.

Mettre la viande dans une cocotte, avec les foies de volaille, l'huile, les oignons, les poireaux, la coriandre fraîche, une cuillerée à café de coriandre en poudre, du sel à volonté, et la pâte de pois chiches. Couvrir d'eau, bien mélanger et laisser mijoter une heure. Rajouter de l'eau si nécessaire.

Pendant ce temps, couper les pains en carrés de 3,5 cm de côté et les frire dans une poêle jusqu'à ce qu'ils soient croustillants et dorés.

Lorsque les ingrédients contenus dans la cocotte sont cuits, ajouter le fromage et les noix, bien mélanger, et cuire à feu doux encore 10 minutes.

Dans un bol, battre légèrement l'œuf avec l'autre cuillerée à café de coriandre en poudre et le sumac. Verser dans la cocotte et remuer jusqu'à ce que l'œuf soit cuit.

Mettre les carrés de pain frits au fond d'un plat, placer dessus les ingrédients contenus dans la cocotte et disposer les asperges sur le tout en créant un motif décoratif.

Maghmouma. Le mot signifie simplement "couvert", par référence au fait que l'on couvre le contenu de la marmite avec le pain à la fin de la préparation. Une autre variante de ce plat évoque plusieurs couches dont chacune "couvre" l'autre. La recette que nous donnons ici fut imaginée par Ibrâhîm ibn al-Mahdî.

Prends des asperges fraîches et tendres, fais-les légèrement
bouillir, puis coupe-les en petits morceaux et ôte-les de la
marmite. Prends de la viande et coupe-la, elle aussi, en petits
morceaux. Après, retire la graisse, le gésier et le foie d'un poulet
et, une fois que tu les as nettoyés, ajoute-les dans la marmite,
à l'exception du foie qui peut être introduit à la fin. Verse
là-dessus de l'huile et des pois chiches pilés, du sel, le blanc d'un
oignon, de la coriandre fraîche et des poireaux, tous coupés en
tranches fines. Ajoute de l'eau, de façon que le contenu de la
marmite ne soit pas entièrement recouvert, et fais bouillir
jusqu'à ce qu'il soit cuit. Après, ajoute les asperges avec des noix
hachées, du fromage haché, des olives dont tu auras ôté
l'amande, et aussi de la coriandre bien sèche et du poivre.
Prends un œuf et casse-le dans un plat, en lui ajoutant du poivre
et de la coriandre. Bats avec force. (Tu as déjà mis le fromage et
les olives dans la marmite avant de verser l'œuf dessus et de remuer.)
Ajoute encore un peu de murrî et cuis jusqu'à ce que le contenu
de la marmite ait séché. Après, prends une miche de pain,
coupe-la en un rond à la mesure de la marmite et fais-la frire
dans l'huile. Puis pose-la sur la viande et les épices. Si tu
le souhaites, en vidant la marmite, pose son contenu sur le
pain à l'aide d'une louche et sers. S'il plaît à Dieu.

Tuffâhiyya

450 g d'agneau ou de poulet coupé en dés

1 grosse pomme à cuire (d'à peu près 225 g) pelée, évidée et coupée en dés

2 cuil. à café d'huile d'olive

1 cuil. à café de graines de coriandre grillées et pilées

1 cuil. à café de menthe sèche

1 gros oignon (d'environ 225 g) finement émincé

50 g de moitiés d'amandes ou d'amandes effilées

1 bâtonnet de cannelle

1 cuil. à café de cannelle en poudre

1,5 cuil. à café de gingembre en poudre

Du sel et du poivre à volonté

Des olives ou un poivron rouge et un poivron vert hachés pour la garniture

Faire chauffer l'huile dans une poêle et y plonger la viande, la coriandre, ainsi qu'une pincée de sel. Faire dorer uniformément la viande.

Ajouter la moitié de l'oignon, le bâtonnet de cannelle, le gingembre, la menthe et le poivre, à volonté. Couvrir d'eau, porter à ébullition et cuire 30 minutes. Oter le bâton de cannelle.

Ensuite, incorporer la pomme, les amandes, la cannelle en poudre, ce qu'il reste de l'oignon, et laisser cuire encore 30 minutes, jusqu'à ce que la viande soit tendre. Dresser dans un plat et garnir avec les olives ou les poivrons rouge et vert hachés.

Tuffâhiyya. Ce plat a été nommé d'après l'ingrédient qui le caractérise : la pomme *(tuffâh)*. L'acide organique distinctif des pommes à cuire est l'acide malique ; dans cette recette, celui-ci est subtilement contrebalancé par les amandes moulues, la cannelle et le gingembre. Cette recette est tirée du cuisinier de al-Baghdâdî, datant du XIIIᵉ siècle.

Prends de la viande grasse et coupe-la en petites
bandes. Jette-les dans la marmite avec un peu de sel et de la
coriandre sèche, et fais bouillir jusqu'à ce que ce soit presque
cuit. Ote du feu et écume. Hache des oignons menu, et ajoute-les
en même temps qu'un bâton de cannelle, du poivre, du mastic,
du gingembre finement râpé et quelques brins de menthe.
Prends des pommes aigres, enlève leurs pépins et pile-les dans un
mortier de pierre pour en exprimer le jus. Pose-les sur la viande.
Pèle des amandes, trempe-les dans l'eau, puis ajoute-les. Allume
le feu sous ta marmite jusqu'à ce que le tout soit cuit, puis laisse
reposer. Si tu le désires, tu peux couper des quartiers
de poulet et les faire cuire avec la viande.
Ensuite, retire du feu.

Aruzz mufalfal

*175 g d'agneau maigre haché
ou de bœuf haché*

*1/2 cuil. à café contenant chacune des épices
suivantes : coriandre sèche,
cumin et cannelle*

1/4 de cuil. à café de chacune de ces épices

1 cuil. à soupe d'huile d'olive

500 ml de riz

1 morceau d'écorce de cannelle

Du sel à volonté

1 cuil. à café d'huile d'olive

1/4 de cuil. à café de curcuma

1 200 ml d'eau

*25 g d'amandes grillées
ou de pignons de pin
pour la garniture*

Faire chauffer la cuillerée à soupe d'huile et y ajouter la demi-cuillerée à café de coriandre sèche, de cumin et de cannelle en même temps que la viande.

Faire frire jusqu'à ce que celle-ci soit uniformément dorée. Retirer du feu et saupoudrer la viande d'un quart de cuillerée à café des mêmes épices.

Faire frémir l'eau salée dans une casserole, avec une cuillerée à café d'huile et l'écorce de cannelle, pendant à peu près 5 minutes. Puis ajouter le riz, le curcuma et laisser mijoter doucement environ 15 minutes dans la casserole couverte, en veillant à ce que l'eau ne soit pas complètement absorbée ; en rajouter un peu si tel est le cas.

Poser la viande hachée sur le riz, couvrir à nouveau la casserole et cuire encore 5 minutes environ.

Servir le riz et la viande mélangés sur une assiette. Garnir avec les amandes grillées ou les pignons de pin.

Aruzz mufalfal. Les plats de riz, tels que nous les connaissons, ne se trouvent pas dans les manuels de cuisine du Moyen Age, ce qui peut sembler surprenant, étant donné la très large consommation qu'on en faisait à l'époque. Peut-être faut-il voir là l'indice du fait que le riz était considéré comme un plat de pauvre. Plus vraisemblablement néanmoins, il fut utilisé en tant qu'élément de liaison dans d'autres plats, ou cuisiné avec du lait et de la viande, comme dans la recette de l'*aruzziyya* d'Ibrâhîm ibn al-Mahdî. Celle-ci est tirée de l'ouvrage, postérieur, de al-Baghdâdî et se rapproche de ce que nous connaissons, de nos jours, comme la manière habituelle de préparer le riz.

Prends de la viande grasse et coupe-la en morceaux de
taille moyenne. Fais fondre une queue de mouton fraîche et jettes-
en le dépôt. Mets la viande dedans et remue jusqu'à ce qu'elle soit
dorée. Saupoudre d'un peu de sel et de coriandre sèche finement
moulue. Puis couvre d'eau, fais bouillir jusqu'à ce que la viande
soit cuite, et écume. Une fois l'eau évaporée, ôte la viande de la
marmite lorsqu'elle est juteuse, mais pas entièrement desséchée.
Jette dans la marmite de la coriandre sèche, du cumin, de la
cannelle, du mastic finement pilés, autant qu'il en faut, et sale
de même. Quand ils sont cuits, retire-les de la marmite, égoutte
l'eau et l'huile, et jette les épices sur la viande. Maintenant,
prends un kayl de riz et trois kayl et demi d'eau. Fais fondre de la
queue de mouton fraîche, environ un tiers de la mesure de
viande. Verse de l'eau dans la marmite et, quand elle bout,
ajoute la graisse fondue, du mastic, de l'écorce de cannelle et
porte à pleine ébullition. Rince plusieurs fois le riz, colore-le de
safran et plonge-le dans l'eau sans remuer. Puis couvre la
marmite un moment jusqu'à ce que le riz gonfle et que l'eau
bouille. Maintenant, ôte le couvercle, place les bandes de viande
sur le riz, puis couvre à nouveau et pose un linge sur le couvercle
en l'enveloppant de sorte que l'air ne puisse pas du tout entrer
dans la marmite. Laisse à feu doux un moment. Puis retire du
feu. Certains le font nature, sans le colorer de safran.

Samak summâqiyya

675 à 900 g de poisson blanc, de n'importe quelle espèce, coupé en gros morceaux

2 gros oignons finement émincés

3 ou 4 cuil. à soupe d'huile d'olive

2 gousses d'ail écrasées

2 cuil. à café de graines de coriandre grillées et pilées

1 cuil. à café de coriandre en poudre

2 cuil. à café de sumac

1/2 cuil. à café de poivre noir fraîchement moulu

2 cuil. à soupe de pâte de sésame (tahîna)

Le jus d'un citron, ou plus, à volonté

50 g de noisettes grillées moulues

Faire chauffer l'huile d'olive dans une poêle et y ajouter les graines de coriandre grillées et pilées. Faire frire les morceaux de poisson des deux côtés. Puis les retirer de la poêle et les réserver. Si nécessaire, ajouter encore un peu d'huile dans la poêle avant de passer à l'étape suivante.

Mettre l'oignon, l'ail, la coriandre en poudre, le sumac et le poivre dans la poêle et faire revenir jusqu'à ce que l'oignon soit doré. Mêler le jus de citron à la pâte de sésame, incorporer ce mélange à l'oignon en remuant bien, et cuire encore 5 minutes. Ajouter de l'eau si le mélange devient trop épais.

Dresser les morceaux de poisson dans un plat et disposer l'oignon cuit tout autour. Saupoudrer de noisettes grillées et servir.

Samak summâqiyya. Cette recette est extraite d'un ouvrage anonyme dont l'origine est très probablement égyptienne. Elle tire son nom du sumac, épice fabriquée à partir des baies d'un buisson poussant à l'état sauvage dans le bassin méditerranéen ; on trouve les meilleures en altitude, dans des régions rocheuses, montagneuses, loin des côtes. Les baies sont séchées, pilées et tamisées jusqu'à obtention d'une poudre grossière d'un rouge pourpre – la recette originale fait d'ailleurs allusion à cette technique. L'acide malique contenu dans le sumac lui donne une agréable aigreur qui lui permet de remplacer le citron ou le vinaigre.

Il te faudra du poisson frais, du sumac, de la pâte
de graines de sésame, de l'ail, du poivre, de l'oignon, de la
coriandre sèche, du citron (ou une écorce de citron confite), des
noisettes et de l'huile de sésame. Hache l'oignon menu et fais-le
frire dans l'huile. Pile le sumac et fais-le passer deux fois par le
tamis jusqu'à ce que soient extraites ses propriétés effectives. Puis
mets l'oignon haché dans un poêlon et piles-y toutes les autres
épices, en y ajoutant la pâte de graines de sésame et le jus d'un
citron, dont tu auras ôté les pépins. Fais chauffer jusqu'à ce que
cette mixtion bouille. Lave le poisson, coupe-le en gros morceaux,
ajoute-les dans le poêlon et fais bouillir jusqu'à ce qu'ils
soient cuits. Place le contenu du poêlon dans un plat.
Grille quelques noisettes, pile-les, ajoute-les et sers.

'Achîqa

450 g de blancs de poulet coupés en tranches

450 g d'agneau maigre haché menu

1 boîte de conserve (soit environ 400 g)
de pois chiches

1 petit oignon finement émincé

1 oignon moyen grossièrement émincé

100 g d'épinards frais grossièrement émincés

15 g de feuilles de coriandre fraîche
finement ciselées

25 g de coriandre fraîche, feuilles et tiges
grossièrement ciselées

2 cuil. à café de coriandre sèche émiettée

2 cuil. à café de cannelle

25 g d'amandes, noix et pistaches
hachées grossièrement

50 g d'amandes moulues

2 cuil. à soupe d'huile d'olive

De l'huile pour la friture

300 ml de jus de raisin blanc
sans sucre ajouté

Du sel et du poivre à volonté

Mettre les fruits secs, les amandes moulues et le jus de raisin dans un saladier, et laisser reposer le mélange jusqu'à la fin de la préparation.

Mettre les 25 g de feuilles de coriandre fraîche et l'oignon moyen dans une casserole, avec à peu près 1,5 litre d'eau, et faire bouillir sans couvrir pendant 20 minutes, jusqu'à ce que le liquide ait réduit de moitié. Passer le bouillon et le verser dans une cocotte.

Placer les tranches de poulet dans la cocotte en même temps que les pois chiches, les épinards, une pincée de sel et de poivre et une cuillerée à soupe d'huile d'olive. Couvrir et laisser mijoter doucement 30 minutes.

Pendant ce temps, mélanger l'agneau haché, l'oignon finement émincé, les feuilles de coriandre fraîche ciselées, du poivre, la cannelle et la seconde cuillerée à soupe d'huile d'olive. Bien travailler le mélange et en façonner des boulettes de la taille d'une noix en les roulant dans le creux de la main. Les faire dorer dans de l'huile ordinaire.

Verser les fruits secs et le jus de raisin dans la cocotte. Poser délicatement les boulettes frites sur le contenu de la cocotte et laisser cuire encore 30 minutes. Dresser dans un plat en disposant les boulettes tout autour et servir.

'Achîqa. Cette recette, que nous devons à Ibrâhîm, appartient à une série de plats appelée "amoureuse" ou "aimée". Le riche éventail de parfums et de nuances aromatiques qu'il propose en fait peut-être le plus délicat de tous ses mets.

Découpe une outarde, un canard ou un poulet.
Puis lave l'oiseau et vide-le. Mets-le dans une marmite avec
de l'huile, des pois chiches et du sel. Hache un oignon et de la
coriandre fraîche, fais-les bouillir, puis verse ce bouillon sur le
contenu de la marmite, et cuis. Hache la patte de mouton très
menu, avec la coriandre sèche et la coriandre fraîche, l'oignon,
un peu de poivre et de la cannelle. Lorsque la volaille est cuite,
ajoute-lui ce que tu as haché. Pile ensemble des amandes, des
noix et des pistaches, mêle-les à du jus de raisin vert
et jette-les dans la marmite. Si tu désires ajouter de
l'épinard ou du sarmaq, fais-le.

Hays

225 g de dattes à cuire coupées en morceaux

175 g de petits sablés réduits en poudre

50 g de pistaches décortiquées hachées menu

50 g d'amandes en poudre

2 cuil. à soupe d'huile
de graines de sésame

Du sucre en poudre,
autant que nécessaire

Si les dattes sont très dures, les plonger dans une casserole avec un peu d'eau et faire chauffer doucement tout en les écrasant avec une cuillère en bois.

Mélanger ensemble tous les ingrédients et bien les travailler pour en façonner une grosse boule. En prélever ensuite de petites portions de la taille d'une bouchée et les rouler dans le creux de la main. Tapisser le fond d'un récipient avec du sucre et y promener ces boulettes de façon à bien les en enrober. Les conserver au réfrigérateur.

Hays. Une très ancienne friandise, qui se faisait partout où l'on trouvait des dattes en abondance et où elles constituaient quasiment l'unique nourriture de base. On la servit, dit-on, au repas de noces du Prophète et de Safiyya. D'ordinaire, on la préparait en mélangeant les dattes avec du beurre clarifié *(samn)* et du lait caillé séché *(iqt)*. La recette présentée ici, extraite du cuisinier de al-Baghdâdî, reflète la façon dont, grâce aux fruits secs et à l'huile de sésame, ce plat de pauvre fut transformé pour satisfaire aux goûts de la bourgeoisie citadine. Comme il se conservait bien, il était pratique et nourrissant pour les voyageurs qui en emportaient des provisions dans leurs périples.

Prends du pain sec de bonne qualité ou du biscuit
et pile-le bien. Puis prends un ratl de celui-ci, trois quarts de
dattes fraîches ou conservées dont tu auras ôté la noix, en même
temps que trois uqiya d'amandes et de pistaches pilées. Travaille
bien le tout ensemble avec tes mains. Epure deux uqiya d'huile
de sésame, ajoute-les et pétris jusqu'à ce que tout soit bien mêlé.
Après, façonne de petites boules et saupoudre de sucre pilé menu.
Si tu le souhaites, à la place de l'huile de sésame, tu peux
prendre du beurre. Ce plat est excellent
pour celui qui voyage.

'Adasiyya

225 g de lentilles brunes ou vertes ayant
trempé 1 heure dans l'eau chaude

1 oignon moyen finement émincé

225 g d'agneau maigre coupé
en petits morceaux

2 cuil. à soupe d'huile d'olive

1 grosse gousse d'ail écrasée

15 g de coriandre fraîche grossièrement ciselée

1 cuil. à café de graines de coriandre

1 cuil. à café de cumin pilé

100 g de féta finement émincée

100 ml de vinaigre de vin ou de cidre

Faire chauffer l'huile dans une poêle,
puis ajouter la viande, l'oignon et l'ail.
Remuer jusqu'à ce que la viande soit
uniformément dorée et laisser mijoter
5 minutes à feu doux.

Egoutter les lentilles, les mettre dans
une cocotte avec la viande frite, l'oignon et l'ail et couvrir d'un peu d'eau
fraîche. Faire bouillir, couvrir partiellement la cocotte et cuire pendant une
demi-heure, jusqu'à ce que les lentilles
soient tendres. Faire réduire le liquide
en prenant soin de ne pas laisser brûler
les ingrédients.

Faire griller les graines de coriandre
et les piler dans un mortier avec le
cumin. Lcs incorporer dans la cocotte
en même temps que la coriandre
fraîche, le vinaigre et le fromage. Bien
remuer et laisser mijoter doucement
pendant encore 30 minutes. Ce plat
doit être dégusté chaud ou froid.

'Adasiyya. On trouve ce plat dans le très ancien cuisinier d'al-Warrâq. Il tire
son nom de son ingrédient principal, la lentille *('adas)*, vraisemblablement la
doyenne des légumineuses cultivées, originaire de l'Asie du Sud-Ouest, c'est-
à-dire sans doute du nord de la Syrie et de l'Irak. La recette originale inclut la
viande, mais les adeptes d'un régime végétarien peuvent en faire l'économie.
Une variante suggère l'emploi de la betterave, que l'on pourrait substituer à la
coriandre fraîche.

Fais frire la viande dans l'huile avec l'oignon
finement tranché et, quand tu as amené le poêlon à ébullition
et ôté l'écume, jette dedans des lentilles écossées que tu laisseras
bien cuire. Après, verse du vinaigre, et épice avec de la
coriandre et du cumin ; mets (aussi) de l'ail. Si on le souhaite,
on peut donner au plat une couleur jaune grâce au safran.
Si on ne met ni fromage ni ail, on peut prendre
de la betterave. Si on le souhaite,
on peut ajouter un goût sucré.

Mutajjana ibrâhîmiyya

675 g de poulet finement émincé ou haché

*1 gros oignon (d'environ 225 g)
finement émincé*

6 gros œufs battus

675 g de champignons de Paris émincés

25 g de coriandre fraîche ciselée

*1 cuil. à soupe de menthe fraîche ciselée
ou 1 cuil. à café de menthe sèche*

1 cuil. à café de cannelle en poudre

1/2 cuil. à café de gingembre en poudre

1/2 cuil. à café de coriandre en poudre

1/2 cuil. à café de sumac

Du vinaigre

*Quelques filaments de safran
ou 1/2 cuil. à café de curcuma*

4 cuil. à soupe d'huile d'olive

Du poivre à volonté

Bien mélanger le poulet, l'oignon et la moitié de la coriandre fraîche, jusqu'à obtention d'une pâte grossière. Presser celle-ci dans le fond d'une cocotte et l'aplanir jusqu'à ce qu'elle ressemble à un gros pain de viande. Le couvrir d'un bouillon composé pour moitié de vinaigre et d'eau, y ajouter deux cuillerées à soupe d'huile, ainsi que du safran ou du curcuma. Ce bouillon doit arriver un peu au-dessus du "pain de viande". Porter à ébullition et laisser mijoter environ 30 minutes, jusqu'à ce que le poulet semble cuit. Retirer du feu.

Faire frire les champignons émincés dans les deux cuillerées à soupe d'huile restantes pendant environ 5 minutes. Puis ajouter la coriandre, la cannelle et le gingembre en poudre, ainsi que le sumac. Bien remuer pendant encore 5 minutes. Incorporer soigneusement ce mélange au poulet contenu dans la cocotte.

Dans un bol, battre légèrement les œufs avec la coriandre fraîche restante, la menthe et le poivre, à volonté. Poser à nouveau la cocotte sur le feu et verser les œufs sur son contenu. Couvrir et laisser mijoter doucement jusqu'à ce que les œufs soient tout juste cuits.

Mutajjana ibrâhîmiyya. Cette préparation, attribuée à Ibrâhîm ibn al-Mahdî, est une variante de la recette préférée du petit-neveu d'Ibrâhîm, le calife al-Wâthiq, qui fut, paraît-il, lui aussi, l'auteur-compilateur d'un livre de cuisine. L'impression de "couches" qu'elle est censée communiquer la rend assez insolite.

Prends un poulet kaskarî *ou bien deux jeunes volailles,*
ôte-leur toute leur viande, façonnes-en un gâteau fin et mets-le
dans une marmite. A la viande, ajoute un tiers de ratl *d'oignon*
*coupé en tranches fines et une demi-*uqiya *de coriandre fraîche*
hachée. Verse de l'eau jusqu'à deux fois la hauteur de la viande,
ainsi qu'un tiers de ratl *d'une bonne huile et du sel, à discrétion.*

Pose la marmite sur le feu jusqu'à une belle ébullition. Puis
prends des truffes, d'une espèce appropriée, mets-en autant que
la mesure de viande, hache-les en morceaux plus épais que la
viande et fais frire dans la marmite jusqu'à ce que tout son
contenu soit cuit. Ensuite, ajoute de la coriandre fraîche, autant
que deux doigts peuvent en saisir, un dirham *de poivre, ainsi*
*qu'un demi-*dirham *de gingembre et autant de galanga. Remue.*
Prends quinze œufs, casse-les dans une jatte et bats-les avec de la
coriandre et de la menthe fraîches, hachées l'une et l'autre. Puis
casse un œuf dans la marmite et remue jusqu'à ce qu'il se brise et
se mêle au gâteau et aux truffes. Lave les flancs de la marmite et
couvre-la comme il faut. Tu ne verseras les œufs qu'après avoir
ôté la marmite du feu, mais avant que l'ébullition ait
entièrement cessé. Un autre plat, appelé ibrâhîmî, *se cuisine*
*comme celui-là, sauf qu'il comprend un demi-*ratl *de vinaigre*
mêlé à un dirham *de safran. Il n'y a pas de sel, excepté un*
*demi-*dirham, *et il y a un quart de* ratl *de* murrî al-Râzî.

Le reste de la préparation se déroule comme ci-dessus.

'Ijja mu'tamidiyya

*225 g de blancs de poulet
coupés en petits dés*
225 g d'agneau haché
*100 g de féta ou de fromage du Lancashire
finement émincé*
4 œufs
1 cuil. à soupe d'huile d'olive
1 cuil. à café de coriandre
1 cuil. à café de cannelle
1 cuil. à café de sumac
10 olives noires coupées en quatre
Du poivre fraîchement moulu à volonté
Quelques brins de rue (facultatif)

Faire chauffer l'huile dans une poêle qui n'attache pas et y cuire le poulet et l'agneau pendant environ 20 minutes.

Ajouter dans la poêle la coriandre, la cannelle et le sumac, ainsi que la moitié du fromage, et cuire encore 10 minutes.

Pendant ce temps, battre légèrement les œufs dans un bol et ajouter les olives. Lorsque la viande est cuite, l'incorporer à l'aide d'une cuillère dans le mélange à base d'œufs et remuer de façon à ce qu'elle en soit complètement enrobée. Ajouter du poivre fraîchement moulu à volonté.

Remettre précautionneusement l'ensemble dans la poêle et chauffer à feu modéré jusqu'à ce que le fond soit cuit. Puis couvrir la poêle avec une assiette et retourner le tout de façon à déposer l'omelette sur l'assiette. Faire à nouveau doucement glisser l'omelette à moitié cuite dans la poêle pour finir de cuire l'autre côté. Dresser dans un autre plat et laisser refroidir un peu avant de découper des parts. Si l'on dispose d'un peu de rue, en disséminer quelques brins sur le plat en guise de garniture.

'Ijja mu'tamidiyya. Cette recette d'omelette médiévale est empruntée au seul livre de cuisine égyptien qui nous soit parvenu, ouvrage anonyme et non daté. Elle doit son nom à un certain Mu'tamid, patronyme que portèrent nombre de califes ou de vizirs. Le médecin al-Râzî recommande l'huile, plutôt que le beurre clarifié *(samn)*, pour cuire les omelettes, car l'huile, plus légère, rend aussi la nourriture plus digeste. Il suggère également de n'utiliser que les jaunes des œufs, de préférence aux blancs, à nouveau au nom d'une paisible digestion.

Prends les blancs de deux jeunes volailles et coupes-en
de fines tranches ; prends un ratl de viande et coupe-la de la
même manière. Lave la viande et mets-la dans une marmite
sur le feu. Verse un ratl d'huile dans la marmite, ainsi que deux
dirham de sel. Fais bouillir jusqu'à ce que ce soit presque cuit.
Puis prends un quart de ratl de fromage, coupe-le, et ajoute-le
dans la marmite avec la viande. Accommode avec deux dirham
de coriandre sèche et un dirham de poivre et de cannelle. Ajoute
dix olives, dont tu auras ôté l'amande. Dans une jatte, casse
vingt œufs, verse dessus une uqiya de murrî, et bats avec
vigueur. Remue le contenu de la marmite et laisse-le sur le feu
jusqu'à ce qu'il soit ferme. Après, tu verseras les œufs dessus.
Ajoute de la rue hachée. Retire du feu et sers.

Aruzziyya

*225 g de bœuf ou d'agneau fumé
coupé en fines lanières*

*225 g d'épaule d'agneau bien grasse
coupée en petits dés*

1 cuil. à soupe d'huile d'olive

600 ml de lait écrémé

225 g de riz basmati

1 bâtonnet de cannelle

*2 ou 3 petits morceaux de gingembre
frais épluché*

1/2 cuil. à café de cannelle en poudre

Du sel à volonté

*Des olives ou un poivron rouge ou vert
pour la garniture*

Rincer soigneusement le riz à l'eau froide, jusqu'à ce qu'il laisse une eau claire.

Verser le lait dans une casserole, y ajouter les morceaux de gingembre et le bâtonnet de cannelle et porter à ébullition. Réserver pendant une demi-heure pour permettre aux épices de parfumer le lait.

Faire chauffer l'huile dans une poêle, ajouter les dés d'épaule d'agneau et les faire revenir jusqu'à ce qu'ils soient dorés et croustillants. Puis incorporer la viande fumée et la faire frire 2 ou 3 minutes. Oter du feu et réserver.

Retirer le gingembre et la cannelle du lait et y plonger le riz, du sel à volonté et la cannelle en poudre. Laisser mijoter en remuant fréquemment jusqu'à ce que le riz soit cuit. Ajouter un peu d'eau si le riz se dessèche, de façon à ce qu'il reste un peu de liquide une fois qu'il sera cuit.

Incorporer au riz la viande et toute l'huile restant dans la poêle. Retirer du feu, couvrir et laisser reposer un quart d'heure. Puis, 5 minutes avant de servir, remettre à feu très doux, avant de dresser dans un plat et de garnir à votre convenance.

Aruzziyya. Si la cuisson du riz dans le lait paraît assez élémentaire, les saveurs complémentaires du bœuf fumé et du gras de l'agneau font de ce plat l'une des créations les plus originales d'Ibrâhîm ibn al-Mahdî. La fumaison de la viande se faisait souvent à la maison. Ici, il semble s'agir davantage d'un complexe traitement chimique de la viande, grâce à une fumaison parachevée par la friture, plutôt que d'un plat lentement mijoté.

Prends de la viande rouge coupée dans le bas de
la cuisse et aussi de la graisse prise dans la queue du
mouton et coupe l'une et l'autre en belles tranches fines. Puis
fume la viande jusqu'à ce qu'elle soit bien préparée. Après,
prends un poêlon, verses-y de l'huile et, quand elle grésille, jette
la queue dedans, ainsi que la viande fumée, et fais-les frire
ensemble jusqu'à ce qu'elles soient cuites. Puis arrose de sel et d'eau,
mais ne te sers pas du murrî, pour ne pas les gâter. Après, prends
une grosse marmite, verse du lait frais dedans jusqu'à la moitié
de sa contenance, et fais-le bouillir. Lorsqu'il bout, jette dedans
des bâtons de galanga et de cannelle et sale autant que
nécessaire. Puis prends le riz, lave-le bien et ajoute-le au lait.
Une fois qu'il est bien cuit, prends la viande frite et son huile,
ajoute-les dans la marmite, remue avec vigueur et sers.
S'il plaît à Dieu.

Mubazzar

450 g d'agneau maigre
coupé en dés de 2,5 cm

100 ml de vinaigre de vin rouge

1 cuil. à café de graines de coriandre
grillées et pilées

2 cuil. à café de cumin en poudre

1 cuil. à café de cannelle en poudre

Du sel à volonté

Des quartiers de citron
pour la garniture

Mettre la viande dans une cocotte, avec le vinaigre et une pincée de sel, et faire mijoter doucement, sans couvrir, pendant une demi-heure.

Mélanger les épices et, une fois la viande cuite, les incorporer en en enrobant bien la viande.

Couvrir la cocotte et la glisser dans le four, à feu modéré (190 °C, th. 5), pendant encore une demi-heure.

Dresser dans un plat et garnir de quartiers de citron.

Mubazzar. Littéralement, le mot signifie "assaisonné avec des épices" *(abâzîr).* Cette préparation a pour but de produire une viande épicée et un peu sèche, que l'on pourra accompagner de riz ou mélanger au riz lui-même. Nous la devons à Ibrâhîm ibn al-Mahdî.

Prends un quartier d'agneau et cuis-le
à l'étouffée dans un bon vinaigre fort, jusqu'à ce
qu'il soit à moitié cuit. Puis ôte-le du feu et laisse-le dans
son vinaigre jusqu'à ce qu'il ait refroidi. Après, sors la
viande du vinaigre et exprimes-en le jus avec vigueur.
Puis, jette dessus de la coriandre, du cumin, du poivre
et de la cannelle, tous pilés. Après, mets la viande dans
le four et laisse-la jusqu'à ce qu'elle
ait perdu son humidité.

Fustuqiyya

675 g de blancs de poulet
50 g de pistaches finement moulues
50 g d'amandes en poudre
15 g de sucre
15 g de pistaches entières
pour la garniture

Faire bouillir le poulet dans une eau légèrement salée pendant 15 minutes environ.

Le retirer du feu, le couper en petits morceaux et les mettre dans une cocotte avec de l'eau fraîche, mais sans les recouvrir complètement. Ajouter les pistaches moulues et le sucre. Cuire une heure à feu doux.

Dresser dans un plat et garnir avec les pistaches entières.

Fustuqiyya. C'est la pistache *(fustuq)* qui donne son nom à ce plat. Très simple à préparer, il figure dans le très ancien recueil de recettes que compila al-Warrâq. La pistache a pour pays d'origine l'Irak et l'Iran ; étant de la même famille que la noix de cajou, on peut en cas de besoin lui substituer cette dernière.

Prends des blancs de poulet et bous-les à
demi dans de l'eau avec un peu de sel. Egoutte
l'eau, ôte la chair des os du poulet et découpe-la finement.
Puis remets-la dans la casserole et couvre-la d'eau. Prends
des pistaches dont tu auras ôté la peau, autant qu'il en faut, et
pile-les dans ton mortier. Puis verse-les dans la marmite et
remue tandis que l'eau bout. Lorsque ta préparation est
presque cuite, jette dedans autant de sucre que de
pistaches. Continue de remuer jusqu'à cuisson
complète ; puis ôte du feu.

Bustâniyya

*450 g de blancs de poulet
coupés en fines lanières*

225 g d'agneau coupé en petits morceaux

*100 g de poires séchées, trempées dans
la valeur de deux tasses d'eau chaude*

100 g de pêches séchées

Du poivre à volonté

1,5 cuil. à café de gingembre en poudre

1 cuil. à café de cannelle en poudre

1 cuil. à soupe de sucre

250 ml de vinaigre de vin blanc

25 g d'amandes en poudre

2 œufs légèrement battus

Faire tremper les poires dans l'eau chaude pendant à peu près une demi-heure. Verser l'eau (sans les poires) dans une cocotte et ajouter le poulet et l'agneau ; assaisonner de poivre à volonté. Couvrir et faire bouillir doucement une demi-heure.

Ajouter les pêches, le gingembre, la cannelle, le sucre, le vinaigre et les amandes en poudre, et les laisser mijoter doucement, dans la cocotte couverte, pendant encore 30 minutes, en ajoutant un peu d'eau si son contenu semble se dessécher.

Battre les œufs et les incorporer délicatement dans la cocotte, en laissant cuire à feu doux jusqu'à ce qu'ils soient cuits.

Dresser dans un plat et garnir avec les pêches coupées en deux.

Bustâniyya. Cette préparation est due à un certain Abou Samîn dont nous ne savons rien de certain, mais qui fut peut-être un chef cuisinier employé au palais du calife al-Wâthiq. Si tel est bien le cas, Ibrâhîm ibn al-Mahdî a sûrement eu connaissance de ses talents. Son nom, qui signifie "Père de l'embonpoint", ou moins aimablement "Obésité", semble convenir à sa profession. Quant à la recette, elle ne tire pas le sien d'un ingrédient particulier, contrairement à l'usage, mais du verger *(bustân)* dans lequel on a choisi les fruits.

Prends de petites poires aigres, lave-les
et enveloppe-les dans un linge humide, s'il s'agit de
poires séchées, mais si elles sont fraîches, fais-les macérer dans
l'eau et passe-les dans un tamis. Puis prends des blancs de poulet
et coupe-les dans le sens de la longueur en bandes de la taille
d'un doigt. Ajoute autant de viande que tu le souhaites. Après,
jette des pêches dans la marmite et fais bouillir (avec la viande).
Mets du poivre et du mâ' kâmakh *dans la marmite, de l'huile*
et quelques épices, du sucre, du vinaigre de vin et cinq
amandes pilées menu. Puis casse des œufs (sur le contenu
de la marmite) et laisse reposer.
S'il plaît à Dieu.

TABLE

Ouvrage réalisé par l'Atelier graphique Actes Sud.
Reproduit et achevé d'imprimer en avril 1998
par La Tipografica Varese S.p.A.
pour le compte des éditions ACTES SUD
Le Méjan, place Nina-Berberova, 13200 Arles.
Photogravure : ACTES SUD

Dépôt légal : mai 1998